ちくま新書

現代オカルトの根源

——霊性進化論の光と闇

大田俊寛
Ota Toshihiro

1022

現代オカルトの根源

——霊性進化論の光と闇

【目次】

はじめに

†オウム真理教の最終目的とは

「……シュノイレカエ、ですか？」

私がその言葉を初めて耳にしたのは、かつてオウム真理教の幹部の一人であった、上祐史浩氏との対談の場においてであった。二〇一二年六月、上祐氏が代表を務める団体「ひかりの輪」の本部でのことである。

一九九五年三月二〇日、サリンを用いた無差別殺傷テロを引き起こすことによって、日本社会を震撼させたオウム真理教。事件から約一八年の歳月が流れ、その衝撃も、時の経過による不可避的な風化を被っていた。しかし、二〇一一年の末から翌一二年前半にかけて、オウムは例外的に、再び社会からの注目を集めることになった。

まず一一年一一月、長期にわたって続けられてきたオウム事件関連の裁判が終結するという契機を迎えた。ところが、それによってオウム問題もいったん終局を迎えるかに思われたそのとき、事件当時から指名手配されていた平田信容疑者が、大晦日の夜に突然警察に出頭するという出来事が起こった。

翌一二年五月には、NHKで『未解決事件 File.02 オウム真理教』という特集番組が放送され、大きな反響を呼んだ。それによってオウムに対する世間の関心が再び喚起されたことも影響したのか、その翌月には、オウム事件の残る二人の指名手配犯であった菊地直子と高橋克也が発見・逮捕された。三人の逮捕者の経歴はマスコミを通して詳細に報道され、社会はそれを切っ掛けとして、オウム事件とその後の経緯について再認識するようになったのである。

オウムの後継団体の一つである「ひかりの輪」の代表を務める上祐氏と、宗教学者である私のあいだで対談が企画されたのは、こうした状況を背景に置きながら、オウムとは何だったのかということをあらためて議論するためであった。私は一一年三月に『オウム真理教の精神史――ロマン主義・全体主義・原理主義』という書物を上梓しており、対談の場においては、私自身のオウム研究を前提とした上で、オウム事件をめぐる重要な事柄について再度上祐氏に問い直すという形で議論が進められた。

そして、先述の「シュノイレカエ」という言葉が上祐氏から発せられたのは、オウムという宗教団体はそもそも何を目標にしていたのかという、根本的なテーマに話が及んだときであった。その際の氏の発言は、対談が収録された雑誌において、次のように記載されている。

八八年がひとつの転機だったとすれば、それは麻原の考えのなかに、普通に人類を救済するのではなくて、「人類の種の入れ替え」を行なうという考え方が出てきたからです。これは、修行をせず悪業を積む大半の普通の人たちを滅ぼしてしまい、修行をして善業を積む者たちのみの国をつくるという意味だったのです。

(上祐史浩＋大田俊寛「オウム真理教を超克する」二六頁)

正直に告白すれば、実際の対談の場において私は、上祐氏の言葉を即座に理解することができなかった。互いの意思疎通が今ひとつ上手くいかないまま、しばらくのあいだ、足下の定まらない会話が交わされたと記憶している。そして、若干の時間が経過した後に私は、前後の文脈から、上祐氏の言葉をようやく理解することができた。「ああ、種の入れ替え！」と（対談原稿の編集過程において、そうした会話上の齟齬は割愛されたのだが）。

言われてみれば確かに、オウム真理教の世界観をこれほどまでに凝縮して表現した言葉も、他に存在しないだろう。すなわち、オウムによるあらゆる活動は、「種の入れ替え」こそをその目標としていたのである。それでは、きわめて単純でありながら、しかし余りに異様なこの言葉は、果たして何を意味しているのだろうか。

†ハルマゲドンと救済

オウム真理教については、本書の第三章であらためて論じることになるため、ここでは簡単に、その世界観を要約しておくことにしよう。

オウムの教義が切迫した終末思想をその基調としていたことは、広く知られている。オウムが社会に現れた一九八〇年代、世界は、アメリカとソ連という二つの超大国が対峙する冷戦構造下にあった。結果として両国が直接的に戦火を交えることはなかったが、その「代理戦争」と呼びうるものが世界各地で勃発していた。また、来るべき本格的な戦争に備え、膨大な量の核兵器が両陣営で生産・備蓄されていた。今となっては多分に忘却されているが、世界はいずれ「第三次世界大戦」に突入する可能性がきわめて高いというのが、当時の人々の共通認識だったのである。

このような時代状況を背景として、一九七三年に公刊され始めた五島勉の『ノストラダムスの大予言』シリーズは、累計発行部数が五〇〇万部を超える大ベストセラーとなった。そうした通俗的オカルト本を通して、宗教的色彩を帯びた終末思想は、日本の群衆意識のなかにも着実に普及していたのである。

オウムという宗教団体が短期間のうちに急成長することができたのは、日本社会全体に、ある種の終末意識が浸透していたからであることは否定しえないだろう。オウムの教祖である麻原彰晃は、ヨーガの修行で獲得した超能力によって未来を見通すことができると吹聴し、一九九七年には第三次世界大戦＝ハルマゲドンの火蓋が切られることになると予言していた（その期日は、予言が発せられるたびに多少前後した）。

それでは人類は、近い将来に勃発するであろうハルマゲドンに、どのように対処すれば良いのか。また現在の社会において、人々を「救済する」とはどういうことか。先述のNHKの特番においては、麻原の説法を記録したテープの内容が部分的に放送されたが、それによれば、八八年の時点で彼は、在家の一般信徒に向けて次のように語っていた。

核戦争が起きる状態が来ている。それを止めることができるのはあなた方だけなんだ。あなた方は何をやればいいか。愛だよ。本当に隣人を愛することができれば、あなた方は救うことができる。

（『未解決事件 File.02 オウム真理教』）

隣人愛に基づく人々の救済と、核戦争の抑止——。しかしそれは、あくまで表向きの見解にすぎず、麻原の本音というわけではなかった。同番組によれば、その頃に彼は、出家信者に対して次のように語っていた。

今生での救済の成功は、核戦争を起こさせないことではない。変なことを言うぞ？資本主義と社会主義をつぶして、宗教的な国を作ることだ、本当の意味で。この世をもう一回清算すべきだ。

（『未解決事件 File.02 オウム真理教』）

先に述べたように当時の人々は、西側の資本主義諸国と東側の社会主義諸国のあいだに核戦争が勃発することを恐れていたが、麻原自身の世界に対する見方は、それとはまったく異なっていた。彼の考えでは、核戦争を抑止することが、人々にとって救済を意味するのではない。むしろ、核戦争を利用して資本主義と社会主義の双方を崩壊させ、「この世をもう一回清算」した上で、その後に「宗教的な国を作る」ことこそが、真の救済なのである。

麻原の目から見れば、資本主義と社会主義のあいだに大きな違いはない。なぜなら両者は、ともに世界を物質的なものとしてしか捉えておらず、そのあいだには、物質的な富をどのように生産・分配するかという方法の違いしか存在しないからである。麻原は、現在の世界において人間たちは、物質的豊かさのなかに埋没し、霊性＝精神性の次元を蔑ろ（ないがし）にした結果、「動物化」していると語る。

> 今の人間というのは、動物以下だと私は思っている。ものすごい数の生き物を殺していると。ものすごい数の嘘をついていると。一体どっちが救済として正しいんだと。（オウムの活動は）仏教的な行き方というよりも、むしろ救世主的な行き方というのかな、管理する側の行き方というか、そういう行き方になるだろう。つまり今の人間が動物化した以上、あるいは動物以下になった以上、それをコントロールしなきゃならない。
>
> （『未解決事件　File．02　オウム真理教』）

†霊性の進化と退化

麻原彰晃の世界観、そしてオウム真理教の教義は、その根幹において、きわめて単純な二元論から成り立っていた。その二元論とはすなわち、現在生きている人間たちは、霊性を高めて徐々に「神的存在」に近づいてゆく者と、物質的次元に囚われて「動物的存在」に堕ちてゆく者の二つに大別される、というものである。これをより詳細に述べれば、以下のようになる。

人間の霊魂は不滅であり、それは輪廻転生を繰り返しながら、永遠に存続する。また、人生における数々の行為は、すべて「業（カルマ）」として霊魂のうちに蓄積される。人間の生の目的は、良いカルマを積むことにより、自らの霊性を進化・向上させることにある。

そしてオウムにおいては、人間の霊性を速やかに進化させるための特別な技法を保持していることが喧伝された。ヨーガの修行や「師（グル）」への帰依がそれであり、その成果として信者は、「超能力者」や「超人類」、あるいは「神仙民族」と呼ばれる神的存在に進化することができる。そして彼らは将来、「シャンバラ」や「真理国」という名称のユートピア国家を樹立することになるのである。

しかしながら、現在の世界を生きているすべての人間が、霊性を進化させるための道を歩んでいるわけではない。現代社会において、高次の霊性に目を向ける人間は稀であり、多くの人々はむしろ、物質主義的な価値観に染め上げられ、現世の快楽に耽溺している。彼らは「神への進化」の道ではなく、「動物への退化」の道を歩んでいるのである。

また、オウムの理論によれば、多くの人々が動物化するその背後では、邪悪な組織が密かに活動を展開している。麻原はその存在を「ユダヤ＝フリーメイソン」と名指した。ユダヤ人の秘密結社であるフリーメイソンは、政治・教育・メディア等を操作することによって人々の意識を誘導し、彼らを家畜として支配することを目論んでいる。

このようにオウムの世界観によれば、現代における真の対立とは、資本主義と社会主義のあいだに存在しているのではない。先に述べたように、両者はともに物質主義的価値観に立脚しており、その表面上のヴァリエーションが異なるにすぎないからである。

真の対立はむしろ、「神的種族（神人）」と「動物的種族（獣人）」のあいだにある。近い将来に勃発する最終戦争＝ハルマゲドンにおいては、秘められていた両者の対立が顕在化し、それぞれがこれまで積み上げてきた業（カルマ）に対する審判が下される。真理の護持者であるオウムは、最終戦争を生き抜くことによって、世界を支配する主流派を、動物的種族から神的種族へと「入れ替え」なければならない——。これこそが、麻原が口にした「種の入れ替え」という言葉の意味である。

†神人か獣人か

オウムの世界観を簡略的に図式化すれば、それは次頁のようになる。図の内容については、おそらく容易に理解しうると思われるが、念のために一通り説明しておこう。

まず、左下の「人間」から右上の「神人」へ伸びている矢印は、人間が自らの霊性を徐々に進化・向上させ、神的存在に近づくことを意味している。そのプロセスは、幾世にもわたって継続すると考えられており、矢印が螺旋形で描かれているのは、「輪廻転生」が繰り返されることを示している。人間の霊魂は、輪廻転生を繰り返しながらさまざまな経験を積み、霊性のレベルを向上させてゆくのである。

このように、人間の歴史は全体として、霊性を進化させる歩みとして理解されるが、しかし他方、その道を転落し、「獣人」へと退化・堕落してしまう霊魂も存在する。そのことが、右下の破線の矢印で示されている。人間の存在を、霊性の進化と退化という二元論によって捉えようとするこの図式を、本書では「霊性進化論」と称することにしよう。

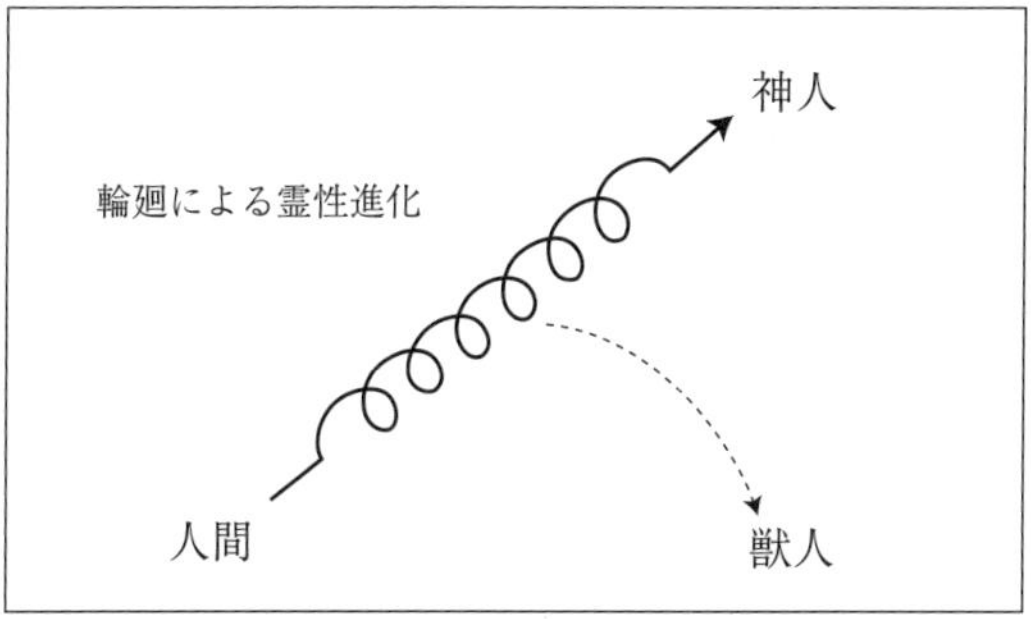

オウム真理教は、現在の社会において多くの人々が「動物化」しつつあることに危惧を覚え、ついにはサリンという毒ガス兵器を開発して、そうした人々を粛清しようと目論んだ。ゆえにオウムは一般に、過剰な暴力性を備えたきわめて特異な存在であったと見なされている。その理解は、まったく誤っているというわけではない。

しかし本書では、通常よりも広く視野を取り、オウムの背景に存在していた「霊性進化論」という思想体系がどのような来歴を持つのか、また、どのような仕方で社会に普及しているのかということを問うことにしたい。このような思想は、果たしてオウムのみに特有のものだったのだろうか。結論から言えば、決してそうではない。それは、オウム以外の新宗教やオカルティズムの諸思潮、ひいては、SFやアニメといったサブカルチャーの領域に至るまで、実に広範な裾野を有している。その思想体系は、いつ、どのような仕方で創始され、どのように継承・展開されてきたのか。この問いに答えることを、本書の目標としよう。

オウムの例に顕著なように、霊性進化論は、その思考を突き詰めてゆけば、人間は神に進化するか動物に堕ちるかの二つに一つであるという、極端な形式の二元論を生み出す。それは冷静に考えれば、余りに異様にして荒唐無稽な世界観であると言わざるをえないだろう。しかし、本書の記述において徐々に明らかにされるように、現代社会には、知らず知らずのうちにこうした世界観に絡め取られることになる思想的回路が、さまざまな場所に張り巡らされている。その思想体系は、どのような理由で生み出され、どのような仕方で人々に受容されてゆくのか。本書では、そうしたメカニズムの有り様についても適宜考察を加えることにしたい。

最後に、著者である私自身の立場について、一言注記させていただきたい。私は本来、「グノーシス主義」と呼ばれる初期キリスト教の異端的宗派を研究していた者であり、本書で扱われるような、近現代のオカルティズムや新宗教を専門領域としてきたわけではない。一人の宗教学者として、オウム問題に対する自分なりの見解を提示しておきたいという思いを切っ掛けとして、そうした領域に不意に足を踏み入れてしまった人間にすぎない。

実際に、本書を執筆するための準備を進めるうちに気づかされたのは、「霊性進化論」の範疇に含まれる領域、あるいはその影響圏にある領域が、きわめて広大であると同時に錯綜しており、その全貌を見渡すのは容易ではないということであった。専門外の研究者が広範な領域を論じるという意味で、本書はいささか無謀な試みと言わざるをえないが、現代社会に広く薄く浸透しており、ときに突発的な事件をも引き起こすこの種の思想に対して、一般読者がその概要を把握しうる書物を提供することは、決して無益ではないと考えた。

このように本書は、専門からやや外れた研究者によって描かれたラフ・スケッチ以上のものではないため、その簡便性と引き換えに、思わぬ誤りや偏向が含まれているかもしれない。読者から忌憚のない批判を寄せていただければ幸いである。


（以下の記述では、すべての敬称を略した。）

第一章

神智学の展開

人間の生の目的は、自らの霊性を進化・向上させてゆくことにあり、その歩みの結果として、ついには神的存在にまで到達することができる――。このような構図に立脚する思想体系、すなわち、「霊性進化論」の起源と変遷を辿ることが、本書の目的である。

一見したところ、その発想はきわめて単純でありふれており、そうした思想は古今東西の諸宗教のなかにいくらでも存在しているように思われるかもしれない。しかし、実際にはそうではない。なぜならそこには、「進化（evolution）」という近代特有の概念が、明確に刻み込まれているからである。

霊性進化論は、ダーウィンの『種の起源』が発表されて以降の世界、すなわち、一九世紀後半の欧米社会で誕生した。その源流を形成したのは、ヘレナ・ペトロヴナ・ブラヴァツキー（一八三一～九一）という人物が創始した「神智学（Theosophy）」という宗教思想運動である。本章では、第二次大戦期以前における神智学の動向について概観することになる。まずは、ブラヴァツキーの経歴を確認しておこう。

1　神智学の秘密教義――ブラヴァツキー夫人

†ブラヴァツキーの経歴①——放浪生活から神智学協会の結成まで

ブラヴァツキーに対しては、その存在をほとんど神格化するような手放しの称賛から、「稀代の詐欺師」といった厳しい非難まで、きわめて対照的な毀誉褒貶の評価が与えられている。彼女の生涯を正確に跡づけることは今では困難だが、それはおおむね次のようなものであったと考えられる。

ブラヴァツキーは一八三一年、ロシア南西部・ウクライナ地方のエカチェリノスラフという町で、ロシア系ドイツ貴族の父親と、小説家の母親のあいだに生まれた（出生時の名前はヘレナ・ペトロヴナ・フォン・ハーン）。しばしば精霊と会話をする夢見がちな少女であり、物語を作って周囲を楽しませる才能に長けていたと言われる。一七歳のときに彼女は、コーカサスのエリバン州副知事を務めていたニキフォル・ヴァシリエヴィッチ・ブラヴァツキーと結婚し、「マダム・ブラヴァツキー」と称されるようになる。

ブラヴァツキー夫人

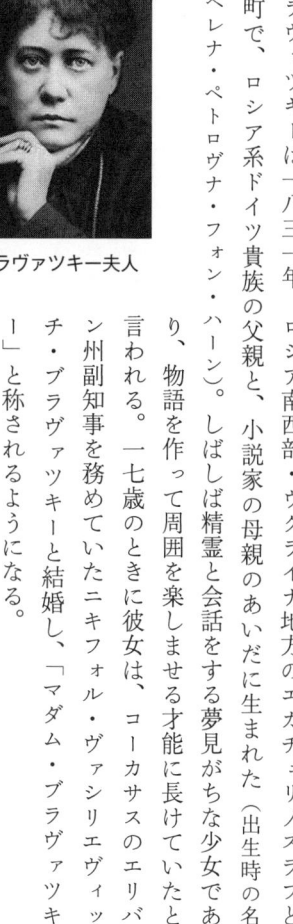

しかし、二〇歳以上年長であった夫との生活は順調な

ものではなく、ブラヴァツキーは間もなく情緒不安定になり、結婚から約三カ月後、家を出て放浪生活に入った。その足取りを正確につかむことはできないが、ヨーロッパ、北アフリカ、アジアの各地を広範囲に転々としていたと考えられている。その過程では、当代の高名な霊媒であったダニエル・ダングラス・ヒュームの助手を務め、フリーメイソンの組織と接触し、エリファス・レヴィの魔術を始めとするさまざまなオカルティズムやエソテリシズム（秘教）の教義を学んだと言われる。

また彼女は、一八五六年から七年間にわたってチベットのシガツェ近郊に滞在し、「大師」と呼ばれる熟達者から、宗教的秘義や世界の諸言語に関する教えを受けたと自称している。しかし、その事実を客観的に証し立てるものは何も残されていない。

七三年にブラヴァツキーは、アメリカのニューヨークに渡った。当時のアメリカでは、心霊主義（スピリチュアリズム）の流行が再燃しており、ブラヴァツキーもまた、霊媒の一人として活動した。そうした生活のなか、七四年に彼女は、ヘンリー・スティール・オルコットという人物に出会う。オルコットは、南北戦争の時期に北軍の通信将校を務めて大佐に昇進、退役後は弁護士として活動した。また、彼はその傍ら、霊的世界にも関心を持ち、催眠術や心霊治療術を手掛け、各種の降霊会にも参加していた。

互いに意気投合したブラヴァツキーとオルコットは、七五年、心霊現象を探究するための新しい科学を作り上げることを目的として、「神智学協会」を設立する。その二年後にブラヴァツキーは、第一の主著となる重厚な書物『ベールをとったイシス』を公刊した。その内容は、当時飛躍的に進歩しつつあった近代科学の潮流、特にダーウィンの進化論に対し、物質主義的生命観の誤謬や狭隘さを批判する一方、諸宗教の伝統の内奥を探究することにより、科学と宗教の融合を可能にする真の霊知を明らかにしようとするものであった。

†ブラヴァツキーの経歴②――インド文化との接触

アメリカにおける神智学協会の活動は、さまざまな対立に巻き込まれて順調には進展せず、ブラヴァツキーとオルコットは七八年、ニューヨークを離れてインドに渡り、翌年には協会の本部を同地に移転させた。この時期から、ブラヴァツキーの思想や神智学の理論には、輪廻転生論や弥勒信仰など、ヒンドゥー教や仏教といったインドの宗教からの影響が濃厚に認められるようになる。

一七世紀以降、インドはヨーロッパ列強の帝国主義による進出を受け、一八五八年にはイギリスによって植民地化されたが、それとともに『マヌ法典』『リグ・ヴェーダ』等の古代文献や、サンスクリット語に関する近代的研究も開始された。その成果は欧米の人々に対して、「インドの神秘」への憧憬を掻き立てることになった。また、そうした研究から、ヨーロッパの諸文化や諸民族の起源がインドにあるとする、いわゆる「アーリアン学説」が生み出された。アーリアン学説は神智学の教義にも取り入れられ、協会はその観点から、「アーリヤ・サマージ」というヒンドゥー教改革団体と提携するなど、インドのナショナリズムや独立運動を後押しした。

インドに移ったブラヴァツキーは、自らの思想が「大師（マスター）」や「マハトマ（「偉大な魂」の意）」と呼ばれる霊的熟達者に由来するという考えを明確化するようになる。彼女によれば大師とは、太古から伝わる崇高な知恵の保持者であり、彼らはチベットの奥地で「大白色同胞団（グレート・ホワイト・ブラザーフッド）」という名称の秘密結社を形成している。ブラヴァツキーは、超自然的な方法で彼らと交信することができると称し、大師からの手紙（「マハトマ書簡」と呼ばれる）を空中から取り出すという奇跡をしばしば実演して見せた。神智学協会の本部には、マハトマ書簡を受け取るための聖堂が設けられ、協会の活動は大師の指令に基づいて決定されるという体裁が取られた。

ブラヴァツキーが実演して見せた奇跡は、世間からの注目を広く集めたが、一八八四年にイギリスの「心霊研究協会」による検証が実施され、翌年にはその虚偽性を非難する報告書が発表された。これによって神智学協会は大きな打撃を受け、ブラヴァツキーは混乱を避けるようにしてインドを退去し、イギリスに渡った。同地においてもブラヴァツキーに対する非難は止まなかったが、彼女は世評から距離を取り、第二の主著となる書物の執筆に没頭する。それが、八八年に公刊された『シークレット・ドクトリン』(秘密教義)である。

後に詳しく見るように、本書のテーマである霊性進化論という思想体系は、まさにこの書物によって、最初の明確な形式を与えられた。ブラヴァツキーは、同書の公刊後しばらくして気管支炎を患い、九一年に五九歳でこの世を去った。

†神智学の折衷的教義

ブラヴァツキーが創始した神智学の教説は、神秘性とともに難解さをもって知られているが、その主な原因は、それがきわめて多くの要素を強引に折衷することによって組み立てられているからである。一九世紀後半の世界においては、近代諸科学の飛躍的な発展や、文化・経済の急速なグローバル化が見られ、ブラヴァツキーもまた、それらに由来するさまざまな知識を旺盛に吸収していった。ここで、彼女の生涯を三つの時期に大別し、各時期においてその思想にどのような要素が取り込まれていったのかを、あらためて整理することにしよう。

［ヨーロッパ期］　青年時代にヨーロッパや地中海世界の各地を遍歴する過程で、西洋オカルティズムの知識を修得。エリファス・レヴィの魔術論を始め、グノーシス主義、新プラトン主義、ユダヤ教カバラ、ドイツ神秘主義等の教義を学ぶ。また、フリーメイソンと接触し、宗教的秘密結社に関する知見を得る。

［アメリカ期］　アメリカに渡り、心霊主義の活況を目にする。また、当時の社会では、ダーウィンの『種の起源』に端を発する進化論の世界観が急速に普及し、キリスト教の教義である創造論との対立が生じていた。ブラヴァツキーは、科学と宗教の矛盾を解決する道を探究するため、神智学を創始する。

［インド期］　神智学協会の本部がインドに移転される。人種・文化論として、アーリアン学説が取り入れられる。ヒンドゥー教や仏教からの影響が濃厚となり、神智学の体系に輪

廻転生論が組み込まれる。

全体として見れば、ブラヴァツキーが構築した神智学の教説とは、西洋オカルティズムの世界観を基礎に置きつつ、秘密結社・心霊主義・進化論・アーリアン学説・輪廻転生論といった雑多な要素を、その上に折衷的に積み重ねていったものと捉えることができる。その意味において神智学は、古代以来の西洋的隠秘主義（オカルティズム）や秘教主義（エソテリシズム）の伝統に連なるものであり、その現代的亜流の一つにすぎない、と言わなければならないだろう。

しかし、そのことをいったん受け入れた上で、さらに次のように問おう。神智学をとりわけ「現代的」なものとしている要因とは、一体何だろうか。

†アメリカ社会の状況

神智学の理論の特殊性を把握するためには、ブラヴァツキーのアメリカ期の体験に特に注目する必要がある。

先に述べたように、ブラヴァツキーがアメリカに移住したのは、一八七三年のことであった。当時のアメリカでは、南北戦争が数年前に終結する一方、西部の開拓運動が本格化していた。言わばアメリカは、一つの国家としての輪郭を整え、近代の最先進国へ向かう急速な成長を開始していたわけである。

しかし、アメリカを訪れたブラヴァツキーの目に映ったのは、表面的な活況の裏側に潜む、人々の心の動揺と空虚さであった。ブラヴァツキーの伝記には、その様子が以下のように描写されている。

十五年前、一八五九年に、ダーウィンの「種の起源」が出版されていました。アメリカではその影響が強くなっていました。進化論は議論の生きた題目でした。或る人達はすぐに進化論を受け入れ、古臭い死にかかっている教会神学に一撃を加えて喜びました。進化論はその人達の無神論や懐疑論に科学的根拠を与えました。

別の人々は進化論をひどくはねつけました。そして、神は大昔、御自分に型どって最初の男をつくられて、エデンの園に住まわせたという伝説的な教えを支持しました。この人達は自分達は「猿の子孫」だったという新しい学説には完全に反感を抱きました。その学説は、猿には魂はなく体以外には何もないこと、また、来世の教えはおろかな願望実現の夢であるとほのめかしているからです。

進化論は本当に、キリスト教信仰の慰めの中で育てられた人々には悲しい苦痛にみちた哲学でした。しかし、それを相殺し、新しい希望をもたらしながら、心霊主義は一八七〇年代が進むにつれて、強力に、また、胸をおどらせるような霊現象の中で育って行きました。「二、三の不信心な科学者には言うように言わせておこう。此処には人間は死を生きつづけるという明確で実際の証拠がある」と心霊主義の熱心な信奉者は宣言しました。（ハワード・マーフェット『H・P・ブラヴァツキー夫人』一四五〜一四六頁）

ここで示されているのは、次のような構図である。イギリスの生物学者チャールズ・ダーウィンが一八五九年に公刊した『種の起源』は大きな反響を呼び、その理論は社会に速やかに普及していった。そしてそれは、進取の気性に富んだ国民性を有するアメリカにおいても例外ではなかった。その地において、最新の科学理論として受容された進化論は、キリスト教の「古臭い教会神学」に止めを刺すものと解されたのである。

しかし他方、ピューリタンによって建国されたアメリカは、実直なキリスト教信仰が息づく場所でもあった。敬虔なキリスト教徒たちは進化論を、キリスト教の教義に反する邪説として排撃したのである。その際に引き起こされた、生物学的進化論とキリスト教的創造論の対立は、アメリカ社会において今もなお、論争を呼ぶ主題であり続けている。

ともあれ、進化論の普及によって、純朴なキリスト教信仰をそのまま維持することが困難になったことは、疑いようがなかった。また、アメリカ社会の多くの人々は、従来のキリスト教信仰に飽き足りず、より合理的で腑に落ちる新しい宗教観・死生観を求めていた。そうした欲求に応えるために登場したのが、「心霊主義（スピリチュアリズム）」の運動である。

一八四七年、ニューヨーク州の小村ハイズヴィルの一家屋において、フォックス姉妹という少女たちが幽霊との交信に成功したことを切っ掛けに誕生した心霊主義は、欧米社会において爆発的な流行を見せた。その思想においては、人間は死後も霊界で生き続けると主張され、多くの著名な学者たちが参加した「心霊研究協会」の活動に見られるように、超常現象や霊界の構造を科学的に解明することが試みられたのである。しかしながら、心霊主義の運動には、多くの霊媒や霊能力者が詐術を行っていることが暴露されるなど、常にスキャンダルが付きまとっていた（当時の混乱した状況は、デボラ・ブラム『幽霊を捕まえようとした科学者たち』に詳しい）。

†進化論と心霊主義の結合

伝統的なキリスト教が全体として弱体化・狭隘化する一方、新たな科学的世界観として台頭する進化論と、新たな宗教的世界観として流行を見せる心霊主義――。こうしたアメリカ社会の状況に、ブラヴァツキーはどのような仕方で対峙したのだろうか。

表面的には彼女は、進化論と心霊主義の両者を、截然と否定した。すなわち、進化論に対しては、生命の物質的側面のみに着眼した誤った理論であると批判し、心霊主義に対しては、「夢魔」のような低級霊に憑依されることによって生じた幻の現象にすぎないと断じたのである。

とはいえ、ブラヴァツキーの真意が、この両者を単に否定し去ろうとすることであったとは思われない。むしろ彼女は、進化論と心霊主義の構想を巧みに融合させ、人間の生きる目的は、高度な霊性に向けての進化にあることを明らかにしようとしたのである。

ちなみに当時、「霊性の進化」という発想に思い至ったのは、ブラヴァツキーだけではなかった。その代表者の一人として、博物学者アルフレッド・ウォーレスを挙げることができる。

ウォーレスは、ダーウィンと並ぶ進化論の創始者であったが、人間の意識や精神の発達過程が、果たして進化論によって十分に説明しうるのかということに疑問を抱き、同時に、宗教的信仰を失った社会は道徳的に退化してしまうのではないかという危惧を覚えていた。彼は、生物学と並行して心霊研究にものめり込み、人間の霊は死後も存続して進化の道を歩み続けるという見解を提唱した（『心霊と進化と』を参照。ウォーレスは神智学協会にも入会した）。物質的・肉体的な進化とは別の次元において、霊もまた独自の仕方で進化するという発想は、心霊主義の領域においても徐々に広まりつつあったのである。

†『シークレット・ドクトリン』の宇宙論

しかしながら、霊性進化論を一つの壮大な体系にまで打ち立てたのは、神智学の思想、なかでもブラヴァツキー晩年の大著『シークレット・ドクトリン――科学・宗教・哲学の総合』であったと言わなければならない（以下ではSDと略す）。

その著作は、第一巻の「宇宙発生論」と、第二巻の「人類発生論」から構成される。きわめて重厚かつ難解な著作であり、安易な要約を許さないが、特に第二巻に記された人類史を中心に、その内容を押さえておくことにしよう。

SDにおいて中心的位置を占めるのは、『ジャーンの書（The Book of Dzyan）』と呼ばれる神秘的なテキストである。ブラヴァツキーによればその文書は、中央アジアの聖地において、霊的熟達者（アデプト）たちによって太古から保存されてきたものであり、世界中の多くの宗教は、そこに記された知恵から派生していった。ジャーンとは、チベット語やサンスクリット語の「霊知」を意味する言葉に由来し、その文書は元来、「センザール語」という秘密言語によって著されていたという。

『ジャーンの書』は、数々の謎めいた詩的章句から構成されており、SDでは、その章句の一節が提示された後、さまざまな宗教の教典を援用することによって文意を解釈するという手順が取られる（SDの読解が困難であるのは、『ジャーンの書』の章句そのものが抽象的で難解であることと、それに対する注釈が冗長で散漫であることに主に起因する）。

まず、第一巻の「宇宙発生論」においては、宇宙の原初状態から、太陽系が誕生するまでの経緯が描かれる。その描写は、宇宙が一つの大きな周期を終え、深い眠りについている時点から始まる。

原初においては、「永遠の親」という女性の神格が存在し、彼女は「処女卵」を抱いて眠り込んでいた。するとあるとき、そこに一条の光が差し込み、処女卵は「世界卵」に変容する。やがて世界卵は孵化し、そこから「子なる神」と呼ばれる宇宙意識が誕生する。子なる神は、宇宙を創造するために、「七大天使」や「一二星座天使団」と呼ばれる天使たちを生み出す。そして神と天使たちは、光線を降り注がせることによって、太陽系の惑星霊たちを創造する。

太陽系の創造者である宇宙意識としての神は、「デミウルゴス（ギリシャ語の「創造者」）」や「ロゴス（ギリシャ語の「言葉」）」、あるいは「太陽神」と称される。そして神は、太陽系に「七つの周期（ラウンド）」を設定することにより、その進化を促進しようとする。

以上が、SD第一巻の大まかな枠組みである。それは全体として、グノーシス主義、新プラトン主義、ユダヤ教カバラといった、古代以来の神秘思想における流出論的な宇宙発生説を基礎に置きつつ、近代天文学の知見をそこに盛り込んだものと理解することができるだろう。また、一定の周期を幾度も反復しながら漸進的に進化してゆくというのが、SDにおける霊性進化のプロセスの基調となる。

†七つの根幹人種の歴史

次にSDの第二巻では、このようなプロセスから創造された太陽系において、人間の霊が誕生し、進化を遂げる過程について描かれる。その内容を、やや詳しく見よう。

先に述べたように太陽系においては、進化に関する「七つの周期」が設定された。そしてSDによれば、地球に霊が誕生したのは、七周期のうちの第四期に当たる。そして七つの周期は、地球上での人類の進化においても反復される。すなわち、地球において人類は、七つの段階の「根幹人種（root race）」を経て進化してゆくのである。

それでは地球において、根幹人種はどのような仕方で現れるのか。その経緯は、以下の通りである。

第一	「不滅の聖地」に発生
第二	ハイパーボリア人
第三	レムリア人
第四	アトランティス人
第五	アーリア人
第六	パーターラ人
第七	神人として聖地に回帰

SDにおける七つの「根幹人種」

最初に地球は、自らの力のみによって生命体を作り出そうとした。しかし、その結果として誕生したのは、半魚人・有翼人・山羊人間といった、半人半獣の奇異な怪物たちばかりであった。天使たちはその肉体を嫌悪し、そこに霊を住まわせようとはせず、炎によって彼らを絶滅させてしまった。

それを見た地球は、太陽神に対して、知恵を備えた霊的生命体を授けてくれるように祈念する。太陽神はそれに応え、七大天使たちに人間を創造するように命じた。天使たちはそれぞれ、人間の原型を作成し、それらをもとに、地

「レムリア」の語源となったキツネザル（レムール）

球上に七つの根幹人種が生み出されてゆくことになる。

地球における最初の人類、すなわち**第一根幹人種**は、北極近辺に存在する「不滅の聖地」に出現した。しかしその場所は、不可視の非物質的領域であり、そこに現れた人間も、天使によって与えられた「アストラル体（星気体）」という霊的身体を持つにすぎなかった。不滅の聖地は、地球における人類発祥の地であると同時に、人類が第七根幹人種にまで進化した際に再び回帰する場所とされる。

第二根幹人種は、「ハイパーボリア大陸」と呼ばれる極北の地に誕生した。ハイパーボリアとは、ギリシャ語で「北風の彼方」を意味する。それは光明に輝く伝説の地とされ、現在のグリーンランド周辺に位置すると考えられている。第二根幹人種は、「エーテル体（生気体）」という霊体を有し、分裂によって増殖する性質を備えていた。ハイパーボリア大陸は常春の地であったが、あるとき大規模な地殻変動が起こって厳寒の冥府に変わり、それによって当時の人類のほとんどが死滅した。

しかし、増殖を遂げていた第二根幹人種の一部から、**第三根幹人種**に進化する者たちが現れた。彼らは当初、卵から生まれ、両性具有の存在であったが、やがて男性と女性に分化し、生殖行為と胎生によって子孫を増やすようになった。彼らはアストラル体やエーテル体という霊的身体の他に、人類として初めて、物質的身体を有していたのである。

第三根幹人種が生息していたのは、「レムリア大陸」であったと言われる。ちなみにレムリアとは、一八七四年、イギリスの動物学者フィリップ・スクレーターが、キツネザル（レムール）の世界的な分布を説明するため、かつてインド洋に存在していたと提唱した架空の大陸である。ドイツの著名な動物学者エルンスト・ヘッケルもこの説に同調し、彼はレムリア大陸を人類発祥の地と考えたが、その存在は、地質学において大陸移動説が定説化することにより、二〇世紀半ばには否定されるに至った。ブラヴァツキーもまた、レムリア大陸仮説の支持者の一人であり、SDにおいてその大陸は、インド洋ではなく太平洋に存在していたと記されている。

惑星霊に属する「光と知恵の子」と呼ばれる者たちは、第三根幹人種の身体を好ましく思い、そのなかに降下した。こうして地球に、高度な霊性の種子を有する人間たちが現れることになった。彼らは、後の「大師（マスター）」の原型となる。

しかしこの段階において、人類がある程度の知性と自由を獲得したことは、悪への転落を生じさせる契機ともなった。「光と知恵の子」によって大師の原型が生み出される一方、「炎と暗い知恵の主」と呼ばれる者たちもまた人間のなかに降下し、彼らはルシファーを始めとする「悪魔」の原型となったのである。

そのときレムリア大陸においては、動物の進化もまた哺乳類の段階に達しており、忌まわしいことに、人間と動物のあいだでしばしば性交が行われ、その結果、四つ足で這い回る「ねじくれた赤毛の怪物たち」が生み出された。獣姦を犯した低劣な人類種族は、悪しき業（カルマ）の見返りとして霊性を喪失し、動物の領域に転落していった。やがてレムリア大陸は、火山の爆発によって海中に没した。

第四根幹人種は、哲学者プラトンが論じた伝説の地「アトランティス」で発展を遂げたと言われる。ブラヴァツキーがSDを執筆していた頃、アメリカの政治家イグネイシャス・ドネリーが著した『アトランティス――大洪水前の世界』（一八八二年）という書物がベストセラーとなっており、ブラヴァツキーもそのブームから少なからず影響を受けたと思われる。第四根幹人種において、人間は動物から明確に一線を画すようになり、言葉を話し始めた。アトランティスでは、先述の「光と知恵の子」に由来する優れた人間が王に就任し、その統治の下で巨大な都市が建設され、人類は科学と芸術を高度に発達させたという。

第三根幹人種において発生した善と悪の対立、光の勢力と闇の勢力の対立は、第四根幹人種においても継続・反復された。人間たちのなかで「光と知恵の子」に従う者は、自らの本性が神人であることを感得して「光の子」に変容したが、それとは逆に「炎と暗い知恵の主」に従う者は、物質性の領域へ沈み込んで「闇の子」と化してしまった。聖書の『ヨハネ黙示録』第一二章には、天使ミカエルとサタン（「巨大な竜」や「全世界を惑わす年を経た蛇」とも表現される）の闘争が描かれているが、SDによればそれは、人間たちのあいだの「光の子」と「闇の子」の対立を表しているのである。

「闇の子」に属する者たちは、巨大で野卑な肉体を有し、美しい女たちを見つけては、彼女らを凌辱した。この出来事を描いたのが、『創世記』第六章に見られる巨人「ネフィリム」の物語であるとされる。その行為によって人間は、より低次元の物質的存在に堕落してしまった。第四根幹人種は、額に「第三の眼」を持ち、テレパシーによって意思を伝達することができたが、その能力も次第に失われた。アトランティス大陸は大洪水によって沈没し、巨人たちもそのときに滅びた。

アトランティス王国を統治していた聖人たちは、洪水を逃れてヒマラヤやエジプトなどの各地に離散し、「大師」として人々を導くことによって、新たな文明を築いていった。そしてその営みから、**第五根幹人種**の「アーリア人」が誕生することになった。SDにおいてアーリア人は、現在の世界の支配種族として位置づけられている。

アーリア人の文明は、現在は世界各地に点在しているが、今後はアメリカ大陸が中心地となり、将来的にその場所で**第六根幹人種**が誕生する。新しい人種の子供たちは、出現の当初は精神的・肉体的な奇形児と見なされるが、徐々にその数を増加させてゆき、やがては人類の多数派を占めるようになる。その頃には火山の爆発や津波が頻発し、最終的にはアメリカ大陸も沈没する。現在の第五根幹人種は、こうして死滅するに至る。

第六根幹人種は、「パーターラ人」と称される。彼らは、海洋から新たに浮上する大陸でさらなる進化を遂げ、物質的身体の束縛から急速に離脱してゆく。彼らのなかから**第七根幹人種**が生み出されるが、そのとき人類における物質性の周期は終了し、完全な霊性の段階に移行することになる。地球における人類の進化の歴史は、こうして終焉を迎える。

†霊的進化と物質的進化の交錯

ＳＤに描かれた、第一根幹人種から第七根幹人種までの人類の歩みは、全体として以上の通りである。第一根幹人種において未熟な霊体として出現した人類は、徐々に物質性の領域に踏み込んでゆき、それは第四根幹人種（アトランティス人）の段階で頂点に達する。人類は幾度も、物質的・動物的領域への転落の危機に見舞われるが、そのなかで着実に霊性を発達させ、第七根幹人種において、最高度の霊性を獲得することになる。ＳＤ第二巻の末尾では、人類の霊性進化の歩みが以下のように要約されている。

物質の周期は、霊性の周期、熟達した精神の周期によって継承されるだろう。歴史と人種の並行性という法則に基づき、将来の人類の多数派は、輝かしい熟達者（アデプト）たちから構成されることになる。人類は、円環的運命によって生み出された存在であり、そのいかなる部分も無意識的使命を逃れることはできず、自然と協調した営みを放棄することもできない。ゆえに人類は、人種から人種へと推移しながら、定められた周期的巡礼を遂行するのだ。（中略）これが、「カルマの法則」の影響下に置かれた自然の道程である。

（*The Secret Doctrine*, vol. 2, p. 446）

ＳＤに記された宇宙と人類の発生史は、一見したところきわめて複雑で難解だが、その内容をよく吟味すれば、ある基本的な構図の反復によって物語が構築されていることが見て取れる。すなわち、人類の歴史は、「霊的進化」と「物質的進化」という二種類の進化のラインの交錯によって形作られており、そのなかで人類は、霊の進化のラインに従えば神的存在に近づくことができるが、それとは反対に、物質の進化のラインに導かれれば、悪魔や怪物を含む動物的存在に堕してゆくことになるのである。ＳＤにおいてこの構図は、目立ったもののみを取り上げても、以下のように三度にわたって反復されている。

・地球は最初に、自らの力のみによって生命体を作り出したが、それらは霊性を欠如させた半人半獣の怪物たちであった。これに対して、太陽神と天使たちが創造に関与することにより、霊性を宿すことのできる人間の原型が作られる。
・第三根幹人種において、「光と知恵の子」から大師の原型が生じるのに対して、「炎と暗い知恵の主」からは、悪魔の原型が生じる。また、後者の勢力に属する人間たちは、動物との交合を行い、それによって奇形の怪物たちが生み出される。
・第四根幹人種において、「光と知恵の子」に従う者が神人に近づいてゆくのに対し、「炎と暗い知恵の主」に従う者は物質性の領域に沈み込み、「ネフィリム」という怪物に変貌する。

本書の冒頭において図式化したように、霊性進化論の大枠は、霊性の進化か退化か、神人か獣人か、という二元論を基本線とすることによって構築されているのである。

†霊性進化論の中心的要素

本節で見た通り、ブラヴァツキーの生涯は紆余曲折に富み、彼女の著作も、重厚かつ難解なものであった。その思想が当時の人々に即座に理解されたとは到底思えず、また彼女の側でも、数々のミスティフィケーション(神秘化やごまかし)の手法によって、自説の深遠さを過分に装っていたということは、否定するのが難しいだろう。

しかし総じて言えば、ブラヴァツキーの思想のなかには、強靭な体系を構築するための核となりうる諸要素が確実に含まれていた。それらは彼女の死後、神智学の運動が継承されるなかで、あるいは、その他の諸思想に影響を与えるなかで、徐々に明確化・具体化されることになる。以降の議論をいささか先取りすることになるが、霊性進化論の中心的要素と考えられるものを、ここで列挙しておくことにしよう。

（1）霊性進化——人間は、肉体の他に「霊体」を持つ。人間の本質は霊体にあり、その性質を高度なものに進化させてゆくことが、人間の生の目的である。

（2）輪廻転生——人間は、霊性を進化させるために、地上界への転生を繰り返す。地上での行いは「カルマ」として蓄積され、死後のあり方を決定する。

（3）誇大的歴史観——霊体は永遠不滅の存在であるため、個人の歴史は、天体・人種・文明等の歴史全体とも相関性を持つ。これらの集合的存在もまた、人間と同様に固有の霊性を有し、円環的な盛衰を繰り返しながら進化を続けている。

（4）人間神化／動物化——人間は霊的な成長を遂げた結果として、神のような存在に進化しうる。しかし、霊の成長を目指さず、物質的快楽に耽る者は、動物的存在に退化してしまう。

（5）秘密結社の支配——人類の進化全体は、「大師」「大霊」「天使」等と呼ばれる高位の霊格によって管理・統括されており、こうした高級霊たちは、秘された場所で結社を形成している。他方、その働きを妨害しようと目論む悪しき低級霊たちが存在し、彼らもまた秘密の団体を結成している。

（6）霊的階層化——個々の人間・文明・人種は、霊格の高さに応じて階層化されている。従来の諸宗教において「神」や「天使」と呼ばれてきた存在の正体は高級霊であり、それとは反対に、「悪魔」や「動物霊」と呼ばれてきた存在の正体は低級霊である。

（7）霊的交信——高級霊たちは、宇宙の構造や人類の運命など、あらゆる事柄に関する真実を知悉（ちしつ）しており、必要に応じて、霊媒となる人間にメッセージを届ける。

（8）秘教的伝統・メタ宗教——霊性進化に関する真理は、諸宗教の伝統のなかに断片的な形で受け継がれている。ゆえに、それらを総合的に再解釈し、隠された真理を探り当てる必要がある。

ブラヴァツキーの死後、彼女の権威を支える根拠であった「マハトマ書簡」の真正性に嫌疑が掛けられていたこともあり、神智学協会は、少なからず混乱に見舞われた。会員たちのあいだでは、協会の指導者の地位をめぐる争いが起こり、それによっていくつもの分派が生み出された。

先に触れたようにブラヴァツキーは、大師たちが形成する秘密結社を「グレート・ホワイト・ブラザーフッド（大白色同胞団）」と称したが、神智学徒たちのなかでは、それに対抗する「ダーク・ブラザーフッド」という悪の秘密結社が存在し、大師たちの権威を貶め、協会の活動を妨害するために暗躍しているという陰謀論が囁かれ始めた（『オカルト・ムーヴメント』所収、平井恭介「後期神智学協会とメシアニズム」を参照）。霊性進化論の体系において陰謀論は、それを構成する主要素の一つとなってゆくのだが、そのことは後に詳しく見よう。

神智学協会の混乱を収拾し、新たな方向性を指し示したのは、著名な女性運動家であったアニー・ベサントと、英国国教会の聖職者から神智学に転じたチャールズ・ウェブスター・リードビーター（一八五四〜一九三四）という人物であった。次節では、リードビーターの業績と思想について見ることにする。

2　大師のハイアラーキー――チャールズ・リードビーター

†リードビーターの経歴①――インドでの修行

リードビーターは、一八五四年、イギリスのストックポートで生まれた。彼が八歳のときに父親が結核で死去したため、一家は貧しい生活を余儀なくされた。青年時のリードビーターは、エドワード・ブルワー＝リットンの小説、特に、一八七一年に公刊された『来るべき種族』という作品を愛読し、自身も幻想的な物語を作ることを好んでいたという。高校卒業後は、生計を立てるために低賃金の事務職に従事していたが、近親者の縁故により、七八年に英国国教会の聖職者資格を獲得、翌年からその職務に就いた。

しかしながらリードビーターは、その地位に満足することはできなかった。なぜなら、彼の主な関心は、キリスト教よりもむしろ、心霊主義やオカルティズムに向けられていたからである。彼は、神智学徒A・P・シネットの著作『オカルトの世界』（一八八一年）に強く興味を引かれ、八二年に母親が死去した後、神智学協会と接触するようになり、翌年同会に加わった。

リードビーター（右）と
クリシュナムルティ（左）

また、八四年にブラヴァツキーがイギリスを訪問した際、リードビーターは彼女と面談し、自分も大師から教えを受けたいと強く懇願した。するとブラヴァツキーのもとに、大師の一人である「クートフーミ」という人物から、インドに渡って修行に入ることを促すメッセージが届けられた。彼は即座に英国国教会の職を辞し、神智学協会の本部があるインドのアディヤールに向かった。

リードビーターの弁によれば、彼は同地でクートフーミやジュワル・クールといった大師たちからヨーガや瞑想の修行を施され、別次元の存在を知覚するための「透視力」を磨き上げた。その後、八九年にイギリスに戻り、アニー・ベサントとの協力関係を確立、自らの透視力と学識を生かし、会員の指導や講演・著述活動にいそしむことにより、神智学協会での地位を着実に向上させていった。

†リードビーターの経歴②――クリシュナムルティとの邂逅

その一方でリードビーターは、青少年の育成にも熱心に携わった。彼はインドやスリランカにおいて、貧しい生活に困窮する子供たちのなかから優れた素質を持つ者を見つけ出し、イギリス留学によって高等教育を受けさせ、神智学協会のエリートとして育て上げようとしたのである。

しかし、彼のこの活動には、常にスキャンダルが付きまとっていた。噂によればリードビーターは、同性愛者かつ小児性愛者であり、心霊術の訓練という名目で、少年たちに自慰行為を強要しているというのである。彼は数度にわたって告発を受けたが、その行為は、少年たちを性的緊張から解放し、精神エネルギーを上昇させるためのものであると弁明した。

リードビーターが、一四歳のインド人少年ジッドゥ・クリシュナムルティと出会ったのは、一九〇九年のことである。クリシュナムルティの家庭は貧しく、彼の体は痩せ、衣服は汚れていたが、リードビーターは、彼が纏っているオーラが特別のものであることを見抜いた。リードビーターは、クリシュナムルティをイギリスに送って英才教育を受けさせ、「弥勒(マイトレーヤ)」あるいは「世界教師」という救世主的役割を担わせることを画策する。

一九一一年には、クリシュナムルティを中心として「東方の星教団（Order of the Star in the East)」という団体が結成され、運動は順調に進展した。しかし、リードビーターやベサントとクリシュナムルティの関係は次第に険悪なものとなり、二七年にはクリシュナムルティ自身が「世界教師」の地位を否認、二九年に教団の解散を宣言する。リードビーターはその五年後、インドからオーストラリアに向かう旅の途中で病を患い、八〇歳で死去した。

†瞑想やヨーガによる霊能力開発

前節で述べたように、ブラヴァツキーの晩年から死後にかけて神智学協会は、「マハトマ書簡」への疑義に抗して、大師の存在の信憑性をどのように回復するか、またブラヴァツキー亡き後、大師との接触をどのようにして確保するかという問題を抱えていた。そして、後継者の一人であるリードビーターの活動とは、こうした問題を首尾良く解決し、神智学をさらに発展させる方途を模索するものであったと見ることができる。そのために彼が提示した方策は、(1)瞑想やヨーガの修行による霊能力開発の手法を示す(2)霊界の構造および大師たちの結社の構成を明確化する(3)クリシュナムルティを救済者に位置づけ、大師の権威を具現化する、というものであった。

まず、(1)に関してリードビーターは、一九〇三年公刊の『透視力』(第二版)や、一九二七年公刊の『チャクラ』といった著作において、人間に備わる霊能力とその開発法について論じているため、その内容を瞥見しておこう。

『透視力』においてリードビーターは、透視力は確かに霊的な能力の一つではあるものの、特別な存在ではまったくなく、万人のうちに潜在するものであることを強調している。人間は通常、目や耳によって物理的なヴァイブレーションを知覚するが、それに対して透視力とは、霊的なヴァイブレーションを知覚することに他ならない。リードビーターによれば、人は透視力を開発することによって、遥かな遠隔地の視認、人間や物体を覆うオーラの感知、死者や自然霊との交信、さらには、「アカシック・レコード」と呼ばれる霊的な記憶の場にアクセスすることによる、過去や未来の看取が可能になるという。

それでは人は、どうすれば透視力を得ることができるのだろうか。その方法としては、特殊な薬物や催眠術に頼る方法があるが、どれもきわめて危険性が高いと彼は警告する。安全で確実な唯一の方法は、瞑想の実践によって意識を清澄に整え、「大聖同胞団」（ブラヴァツキーにおける「大白色同胞団」に同じ）の大師たちに接触し、彼らから指導を受けることである。リードビーターは、大師の存在について次のように述べている。

その訓練は世界の歴史が始まって以来、超人達の大聖同胞団の手で正しく行われて来たということである。その同胞団は人類進化の背後にいつもあったが、今もあり、永遠なる神の意志を我々に表わす大宇宙法則の支配力のもとに人間の進化を守り助けている

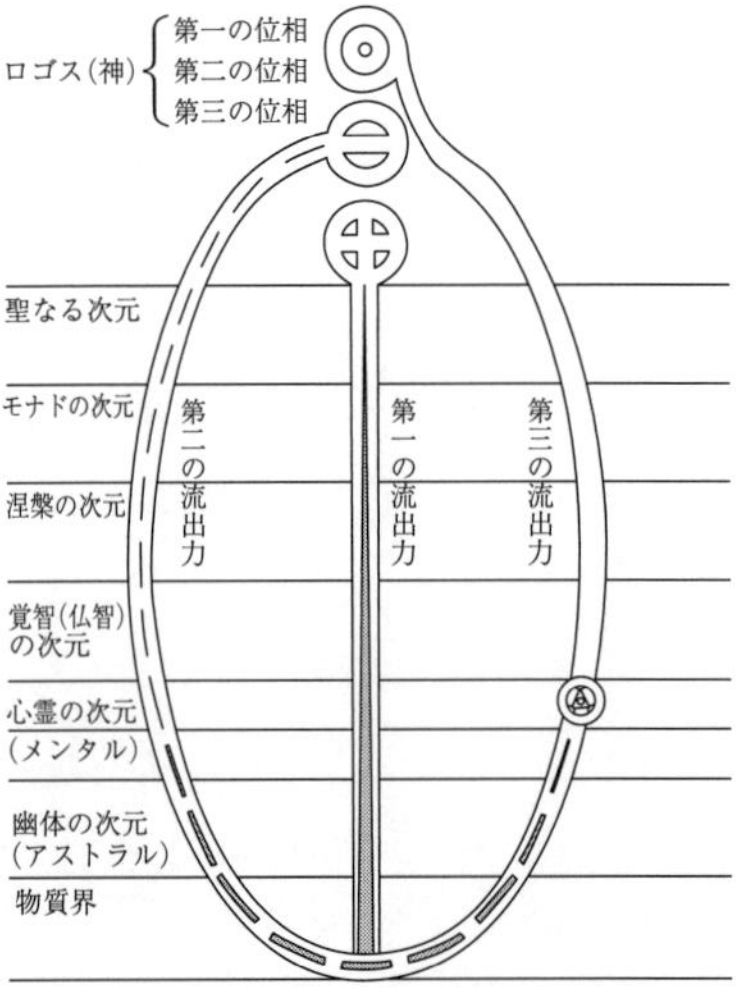

身体（チャクラ）と宇宙の相関性

（『チャクラ』三九頁）

のである。

（『透視力』一七七〜一七八頁）

次に、『チャクラ』という書物でリードビーターは、インドにおけるヨーガの技法、特に「クンダリニー・ヨーガ」と呼ばれる技法に基づく霊能力の開発法について論じている。「クンダリニー」とは、サンスクリット語で「螺旋を有するもの」を意味し、具体的には、尾骶骨付近にとぐろを巻いた蛇のような形で眠り込んでいる、「シャクティ」と呼ばれる性的エネルギーを指す。

ヨーガの修行によってクンダリニーが覚醒すると、その力は「ナーディー」という三本の気道を通り、脊椎に沿って頭頂まで上昇し、その過程で、「チャクラ（「輪」の意）」と呼ばれるエネルギーの七つの結節点を一つずつ開いてゆく。第七の頭頂のチャクラは「サハスラーラ・チャクラ」と呼ばれ、クンダリニーがこのチャクラにまで到達することは、ヒンドゥー教の最高神であるシヴァ神と合一することを意味する。そのとき修行者は、現世を超越した至上の歓喜を味わうことになるという。

リードビーターの記述に見られる主な特徴は、伝統的なヨーガの修行法が、神智学の理論に照らして再解釈されていることである。ヨーガの理論においては、七つのチャクラが段階的に覚醒するにしたがって、修行者の魂が大宇宙と合一してゆく経緯が描かれるが、リードビーターはそれを、ブラヴァツキーの『シークレット・ドクトリン』に記された七段階の周期説や世界構造論と融合させている。

そのことは『チャクラ』において、前頁の図によって簡潔に示されている。それによれば、世界の頂点に位置する神は「ロゴス」と呼ばれ、そこから流出する三つの力によって、七層から成る世界と身体が形成される。伝統的なヨーガにおいては、「微細身」や「原因身」といった身体論上の用語が存在するが、『チャクラ』においてはそれらが、「アストラル体」や「エーテル体」といった神智学の用語によって置き換えられている。リードビーターによれば、人間はチャクラを覚醒させることによって、肉体を包み込む霊的身体の存在ばかりか、宇宙における霊的次元の多層性を知覚することができるようになるのである。

†イニシエーションとハイアラーキー

通常、クンダリニー・ヨーガの修行においては、「師（グル）」から直接的に指導を受けることが必要とされる。リードビーターも『チャクラ』においてそれに同意しており、自身もまた、インドにおいて師から指導を受けることにより、初めて霊能力を開花させることができたと述べている。

とはいえ、ここでリードビーターが語る「師」とは、ありふれた「ヨーガの師匠」を意味しているわけではない。彼の場合それは、神人に等しい不可視の存在としての「大師（マスター）」を意味しているのである。それでは、大師とはどのような存在であり、どうすれば人は彼らと接触することができるのだろうか。リードビーターはそのことを、一九二五年公刊の『大師とその道』という著作で詳述している。

同書ではその冒頭において、人間が輪廻転生を繰り返しながら進化の道を歩んでいること、また、常人を超えて遥かな進化を遂げ、すでにその終着点に到達した人間がいることが論じられる。すなわち、リードビーターによれば大師とは、「霊性進化を完成させた人間」を指すのである。彼らは、芸術・音楽・文学・科学・哲学・宗教等の各分野において卓越した才能を有し、それによって諸文明の発展をリードしている。大師たちは「大聖同胞団」という結社を形成し、それを中心として、地球における人間の進化全体を統括しているのである。

人間の生きる目的は、自己の霊性を進化させることにあり、それを順調かつ確実に遂行するためには、大師たちが定める指針に従わなければならない。『大師とその道』では、大師に接触するための方法として、さまざまな宗教の教えを学習すること、とりわけ神智学によって示されたヨーガや瞑想を実践することにより、精神の波長を大師のそれに合わせてゆくことが推奨されている。

大師に出会うことができた人間は、次に、大聖同胞団の一員となるための「イニシエーション（通過儀礼）」を受けることになる。イニシエーションは九つの段階から構成され、どのイニシエーションまでを通過したかということに応じて、その人間が同胞団の「ハイアラーキー（階級組織）」において占める地位が区別される。

まず、第一から第四までの各階級は、仏教の用語に倣い、「流れに入りし者（ソーターパッティ）」「一度だけ戻れる者（サカダーガーミン）」「戻らぬ者（アナーガーミン）」「阿羅漢（アルハット）」と称される。それらの階級は、大師となるための前段階であり、そこにおいて入門者は、アストラル体やメンタル体といった諸種の霊体を十分に成長させなければならない。第五階級は大師の入り口であり、そこに到達した人間は「超人（アセーカ）」と呼ばれる。第六から第九までの階級はそれぞれ「首長（チョーハン）」「大首長（マハー・チョーハン）」「仏陀」「世界君主」と称され、さらにその上には、世界の創造神としての「ロゴス」が君臨している。

『大師とその道』においては、上位のハイアラーキーの構造が、次頁の図によって示されている。それによれば、第六階級以上に属する大師たちの構成は、次の通りである。

第六階級には、七人の大師たちが存在し、彼らは宗教や科学に関するさまざまな知恵を人類にもたらしている。ブラヴァツキーやリードビーターの前に現れた「クートフーミ」や「モーリヤ」といった大師は、この階級に属するとされる。

第七階級を占めるのは「マヌ」であり、この霊格はもっぱら、現在の支配種族である第五根幹人種＝アーリア人種を指導している（マヌとは、インド神話における人類の始祖を意味する）。

第八階級は、仏陀によって占められている。また、仏陀の補佐役として、何人かの菩薩たちが彼の周りを取り囲んでいるが、彼らはしばしば自ら地上に降臨し、「世界教師」として人々に教えを説く。「弥勒（マイトレーヤ）」という霊格はその一人であり、彼はこれまでの転生に

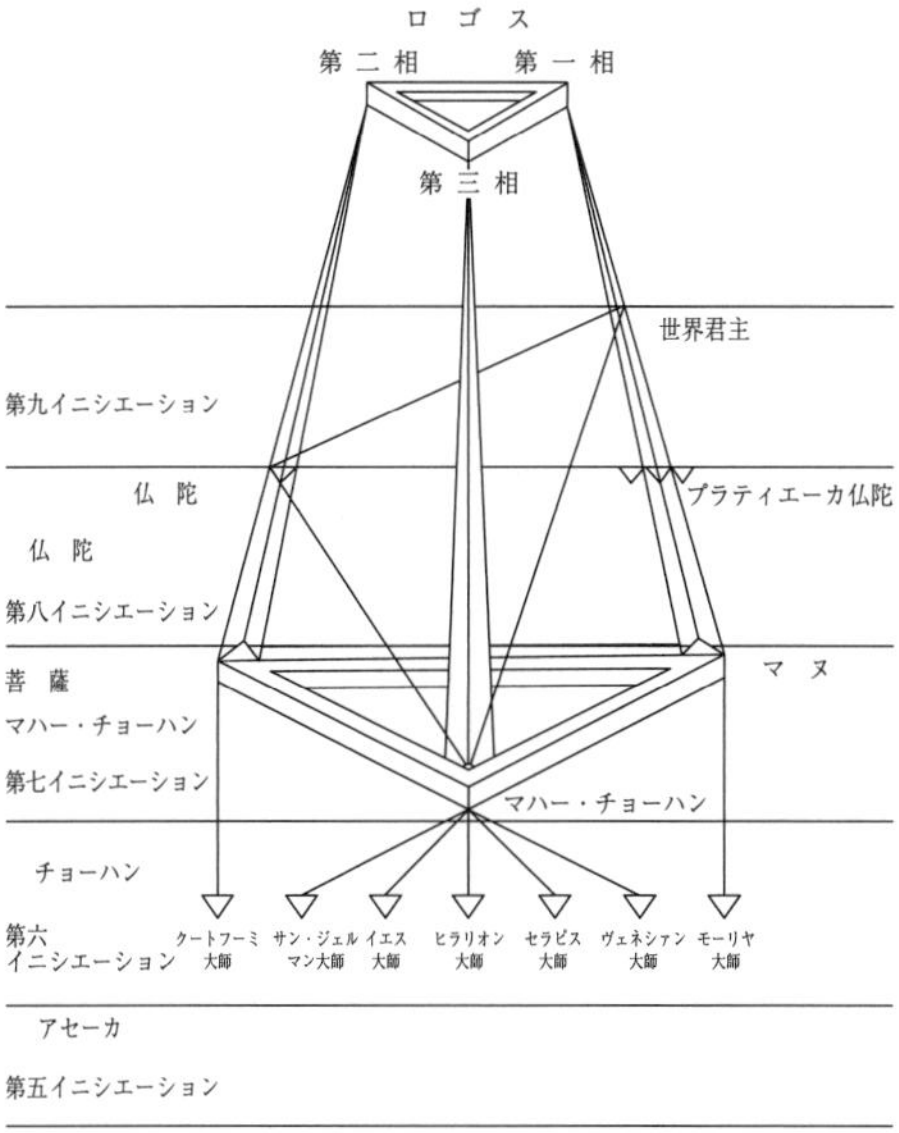

大師のハイアラーキー
（『大師とその道』三五二頁）

おいて、クリシュナやキリストとしてこの世に出現した。これらの菩薩たちの働きによって、世界の諸宗教が生み出されてきたのである。

　最高位の第九階級を占めているのは、「サナート・クマーラ（永遠の童子）」という霊格である。神智学の教義によれば、彼は人類が第三根幹人種＝レムリア人として存在していた時期に金星から地球に到来し、「世界君主」の地位に就いた。彼は地球の大師たちの頂点に位置しており、その本拠地は、チベットの伝説の王国に因んで「シャンバラ」と称される。世界君主は地球において、人類のみならず、すべての生命体の進化を統括している。このように、世界君主を筆頭とする大師たちに導かれ、彼らが具現している高度な霊性に到達することが、現在の人類の目標とされる。

以上が、大師たちによって構成されるハイアラーキー、すなわち「大聖同胞団」の概要である。そしてリードビーターはこの著作において、それに対抗する悪しき秘密結社が存在することに注意を促している。その結社は、「闇の同胞団(ダーク・ブラザーフッド)」と呼ばれる。

大聖同胞団と同様に、闇の同胞団もまた「進化」を司る秘密結社であるが、両者の活動は優れて対極的である。大聖同胞団の導く進化が、ロゴスという神との一体化を目指した融和的進化であるのに対して、闇の同胞団は、自と他を分離させ、相互の対立を繰り返すことこそが、進化を促進すると唱えるからである。その概念が、適者生存・弱肉強食という原理に基づく、ダーウィン本来の進化概念に近いことは明らかだろう。

しかしリードビーターによれば、そうした闘争的進化の方法を選ぶことにより、人は神人への進化の道から外れ、低次元の魔の領域に転落してしまう。人間に求められているのは、大師への帰依に基づいた、愛と調和の精神を失わないことなのである。

†「東方の星教団」の崩壊

このようにリードビーターは、『大師とその道』において、地球が大聖同胞団という秘密結社の統治下にあることを論じた。いささか脇道に逸れることになるが、ここで指摘しておかなければならないのは、明らかにその結社の構造が、「フリーメイソン」という実在の組織から着想を得ているということである。

フリーメイソンとは何か、という問題について、本書で詳述することはできないが、簡単に言えばそれは、一八世紀初頭に出現して急速に普及した、啓蒙主義と理神論に立脚する自由主義結社である。フリーメイソンは、教会や王権やギルドといった旧来の体制に対抗するため、団体の成員や活動内容を秘密に保つ傾向があったが、その流れのなかで、入会儀礼(イニシエーション)の様式を過度に秘匿化・神秘化する「神秘主義的フリーメイソン」と呼ばれる分派が生まれた(吉村正和『図説 フリーメイソン』を参照)。

ブラヴァツキー、オルコット、リードビーターといった初期の神智学の代表者たちは、その多くが何らかの仕方でフリーメイソンの組織と接触しており、ある側面において神智学協会は、「神秘主義的フリーメイソン」の一種であったと見ることもできるだろう。両者の共通点としては、従来の宗教の垣根を越えた普遍的真理の探究、「同胞（ブラザー）」相互の自由で対等な友愛、秘儀的なイニシエーション、各支部が「ロッジ」と呼ばれること、等が挙げられる。

そしてリードビーターは、「東方の星教団」を立ち上げることによって、神智学協会の宗教団体化・神秘主義化の流れを、いっそう推し進めようとした。彼は、人間を神人へと進化させるための霊能力開発法を提示し、さらには、クリシュナムルティという神の化身を教団の中核に据えることによって、世界を変革・救済するための実践的運動を展開しようとしたのである。先に見たように『大師とその道』には、時代の転換期において「マイトレーヤ」という霊格が地上に降臨し、「世界教師」として新たな宗教を創始するという考えが記されているが、リードビーターはクリシュナムルティを、マイトレーヤを受肉させるための「器」として位置づけたのであった。

しかし彼の試みは、無残な失敗に終わる。性力の解放を目的として彼が少年たちに施したヨーガの訓練は、周囲の社会の目には、自慰の強要という猥褻な行為にしか映らなかった。また、豊かな生活と引き換えに、西洋人によって強引に「生き神」へと仕立て上げられた少年の心のなかでは、フラストレーションが耐えがたい水準にまで高まっていった。

結果としてクリシュナムルティは、教団の解散を自ら宣言することになる。

とはいえ、完全な霊性進化を遂げた「神人」を作り出すという夢想が、その事件を契機として完全に途絶えたというわけでは決してない。その試みは後に、形を変えて幾度も反復され、特に日本の新宗教においては、「生き神」を自称する教祖が何人も現れることになる。しかしそのことは、第三章であらためて触れよう。

3　キリストとアーリマンの相克——ルドルフ・シュタイナー

†シュタイナーの経歴①——前半生の思想遍歴

次に、ブラヴァツキー以後に神智学を継承したもう一人の主要人物として、ドイツの思想家であるルドルフ・シュタイナー（一八六一〜一九二五）を取り上げることにしたい。彼の名前は、数多くの著作の邦訳や、「シュタイナー教育」という実践活動を通して、日本においても比較的広く知られている。

前節で見たリードビーターには、英国国教会の聖職者を務めた経験があったが、にもかかわらずその理論は、ヒンドゥー教や仏教からの影響が濃厚に見られ、全体として東洋的色彩を帯びていた。それに対してシュタイナーは、キリスト教の歴史観やドイツ・ロマン主義の生命論といった西洋の諸思想を基盤として、神智学の体系を再構築した。こうした点において、両者は対極的な位置にあったと見ることができるだろう。

R・シュタイナー

シュタイナーは一八六一年、オーストリアとハンガリーの国境地域(現在はクロアチア領)の小村クラリエヴェックで生まれた。父親は鉄道の駅長と電信技師の職務に就いており、その影響からシュタイナーは、幼い頃から実地でさまざまな科学技術に触れた。また、幾何学に対する強い関心を示し、自然科学の諸分野を独力で学習した。

同時に彼には、生まれながらにして、心霊的な存在を感知する能力が備わっていた。彼は長ずるにつれて、自分の見ている世界と他人の見ている世界が異なっていることに気づき、大きな当惑を覚えたという。少年時のシュタイナーにとって、幾何学と心霊現象はともに、超感覚的世界の存在を彼に教えるものであった。すでにシュタイナーの思考においては、心霊と科学が分かちがたく結びついていたのである。

一八歳になったシュタイナーは、父親と同じく技師になることを目指し、ウィーン工業高等専門学校へ入学して、生物学・物理学・化学・数学等を学んだ。しかし、哲学や文学への関心も捨て切れず、ウィーン大学の聴講生となって、それらの科目を受講している。

学生生活を終えたシュタイナーは、二三歳から二九歳までの期間、ある富裕な一家において、子弟たちの家庭教師を務めた。その末息子は水頭症を患っており、成長が遅れていたため、通常の教育を受けることができるか危ぶまれていたが、シュタイナーが熱心な指導を施した結果、ギムナジウムへの入学が可能となった。その経験からシュタイナーは、子供の肉体的な外観のみならず、精神＝霊の状態に注意を払うべきであること、真の人間理解に基づく教育は一つの芸術となりうることを認識する。こうした人間観・教育観によって、後の「シュタイナー教育」の基礎が形作られることになる。

二〇代後半から三〇代にかけてのシュタイナーは、ウィーンからワイマール、ベルリンへと居を移し、当時の新しい学問や思想に関する知見を広げていった。なかでも強い影響を受けたのは、文学者ゲーテによる色彩論や形態学の研究、エルンスト・ヘッケルの有機体的進化論、フリードリヒ・ニーチェの永劫回帰の哲学であった。全体としてシュタイナーは、ロマン主義の世界観に依拠しながら、その上で科学や哲学と宗教を融合する道を模索していたと見なすことができるだろう。

†シュタイナーの経歴②――神智学から人智学へ

しかし、多様な分野にわたる思想上の遍歴を続けていたシュタイナーに対し、確固とした基盤を与えることになったのは、神智学の理論であった。一九〇〇年、彼は神智学協会に招かれてニーチェについての講演を行って以降、同会と密接に関わるようになり、二年後にはその正式な会員に加わっている。

神智学徒となったシュタイナーは、それまでに学んできた思想や科学を、ブラヴァツキーが提示した世界観に照らして体系化することを試みた。その成果として『神秘的な事実としてのキリスト教と古代の秘儀』(一九〇二年)、『神智学』(一九〇四年)、『アカシャ年代記より』(一九〇四~〇八年)、『神秘学概論』(一九〇九年)、『民族魂の使命』(一九一〇年)といった著作や講演録が次々と発表される。こうしてシュタイナーは次第に、ドイツの神智学協会における重要人物の一人となっていったのである。

しかし、協会とシュタイナーのあいだの蜜月は、長くは続かなかった。前節で述べた通り、神智学協会本部では一九〇九年から、アニー・ベサントとリードビーターの主導によって、クリシュナムルティを救世主として掲げる運動が開始された。後に見るように、歴史における「キリストの受肉」の意義を独自の解釈によって重要視するシュタイナーにとって、こうした方針は容認されうるものではなかった。一九一一年に「東方の星教団」が結成されると、翌年にシュタイナーは神智学協会を脱退する。その結果、ドイツに存在した六九のロッジのうち、五五のロッジが彼に従い、新たに「人智学協会」が設立されることになった。

人智学協会の先頭に立ったシュタイナーは、独自の活動を積極的に展開する。それは、オイリュトミー（ギリシャ語で「美しいリズム」の意）と呼ばれる舞踏芸術の発表、人間の転生を描いた神秘劇の上演、ゲーテアヌムという文化施設の建築、政治・経済・文化という三領域の相互独立を提唱する社会三層化運動、バイオダイナミック農法に基づく有機農業の実践、自由ヴァルドルフ学校の開校など、きわめて多方面に及んだ。

ドイツにおける人智学の運動は急速な広がりを見せたが、それとともに反対者も増加し、二二年にはゲーテアヌムが火災に見舞われるという事件が起こる。シュタイナーは、晩年に至るまで精力的な活動を続け、二五年に六四歳で生涯を閉じた。

†宇宙の多層構造に基づく霊性進化

シュタイナーの著作や講演録、芸術作品等を収めた全集は、現在までに三五〇冊以上もの分量に達しており、その思想を細部まで把握することは容易ではない。ともあれ、彼の思想の基本線は、ブラヴァツキーの『シークレット・ドクトリン』に示された霊性進化の理論を再構築し、明確な体系を作り上げることに置かれていたと考えることができる。

シュタイナーは自身の体系に、ブラヴァツキーが提示した「七周期の進化」という図式を、彼女以上に徹底して組み込んでいった。シュタイナーの人智学においては、地球・人種・文明・人間における進化のプロセスがそれぞれ七つの周期に区分され、その各層が相互に密接な照応関係にあると考えられたのである。そこでは、神智学の周期説の他、「ミクロコスモスとマクロコスモスの照応」という旧来のエソテリシズムに由来する観念や、ヘッケルの有機体的進化論における「個体発生は系統発生を繰り返す」という生命観が折衷・融合されていることが見て取れる。彼が構想した体系は、次のようなものであった。

シュタイナーはまず、太陽系における地球の進化の過程と、人間における霊の進化の過程を相即的なものと見なし、その段階を七つに区分する。それは大枠として、カレンダー

	人間	地球	人種	文化(民族)
1	肉体	土星期	ポラール(北極)	インド文化
2	エーテル体	太陽期	ヒュペルボレイオス	ペルシャ文化
3	アストラル体	月期	レムリア	エジプト・カルデア文化
4	自我	地球期	アトランティス	ギリシャ・ラテン文化
5	霊我	木星期	アーリア	(ゲルマン文化)
6	生命霊	金星期		
7	霊人	ヴァルカン期		

各領域で反復される七周期の進化

における七つの曜日に倣ったものだが、シュタイナーの用語では、「土星期」「太陽期」「月期」「地球期」「木星期」「金星期」「ヴァルカン期」と称される（ヴァルカンとは、当時太陽系内に存在すると考えられていた惑星の名）。

地球はこうした七つの周期を経て進化し、そこに住む人間もまた、「肉体」「エーテル体」「アストラル体」「自我」「霊我」「生命霊」「霊人」という七段階の進化を遂げる。その初期段階において人間は、物質と霊の粗雑な混合物によって構成されるが、徐々にその両者を精妙なものへと成長させてゆき、第四周期の「地球期」の段階において、完成された肉体と、それに基づく明瞭な自己意識、すなわち「自我」を獲得する。シュタイナーによれば、現在の人類はこの段階に到達している（地球の進化と人間の進化の全体像は、上の図のように整理される）。

地球期はさらに、七つの根幹人種に基づく人種的周期によって区分される。その内容は『シークレット・ドクトリン』第二巻のそれとほぼ同一であるため、ここでは割愛しよう。ブラヴァツキーと同じくシュタイナーにおいても、現在の人類は、第五根幹人種としての「アーリア人」に属していると見なされている。

続いてシュタイナーは、第五根幹人種における文化の発展を、七つの段階に区分する。それによれば、第五根幹人種＝アーリア人はこれまで、「インド文化」「ペルシャ文化」「エジプト・カルデア文化」「ギリシャ・ラテン文化」という四つの文化期を経過しており、現在は「第五文化期」に位置している。

彼の文化論には、ヘーゲルの進歩主義的な歴史哲学から一定の影響を受けたことが窺えるが、それと同時に、アーリアン学説がブラヴァツキー以上に詳細かつ具体的に導入されていることが見て取れる。現人種の歴史において主要な役割を果たしてきたのは、その学説において「アーリア的」と名指された文化に限定され、例えば中国の文化やユダヤの一神教は、あくまで傍流としての位置しか与えられていない。

またシュタイナーは、現在の「第五文化期」を表すための名称を記していないが、彼がその内実を「ゲルマン文化」として思い描いていたことは明らかである。『民族魂の使命』という講演録では、各民族の集合的な意識として「民族魂」が存在しており、その導きによって諸文化の発展や変遷が生じることが論じられている。シュタイナーによれば民族魂は、神々や天使としてその姿を現す。そして彼は同書において、第一文化期から第四文化期に至るまでの民族魂の働きを描いた後、その終盤で『エッダ』に代表される北欧神話を取り上げ、ゲルマン文化によって実現される霊性進化の有り様を麗々しく謳い上げている。いささか難解な表現だが、その一部を引用しておこう。

神々のたそがれから、ヴィーザル（注：北欧神話の神）の不思議な姿が輝き出ることによって、未来への希望がゲルマン—北欧神話から輝くのを、わたしたちは見ます。ヴィーザルの形姿につながるのを感じ、ヴィーザルの深い本質を理解しようとすることによって、精神科学の根幹神経であり生命的エッセンスであるものが、ゲルマン—北欧世界の大天使が現代の時代進化にもたらす力から生じうるのです。その一部は、アトランティス後の第五文化時空の人類進化と精神進化において果たされ、その他の部分は、これから果たされます。ゲルマン—北欧の諸民族の総体から、根源的な新鮮な民族の力を自分のうちに有していると感じている者たちがその遂行に貢献するでしょう。

（『民族魂の使命』二二三頁）

†ルシファー・キリスト・アーリマン

こうしてシュタイナーの筆致は、地球が現在とはまったく異なる状態にあった遥かな過去から始まり、次第に現代の文化状況へと及んでゆく。そして、現在の第五文化期において人類は、ゲルマンの神々に導かれることによって、新たな霊性を獲得するのである。しかし、シュタイナーによればそのとき人類は、自身が今や進化の岐路に立たされていることを自覚するようになるという。その岐路とは、「キリスト」という神的存在によって導かれる進化の道と、「ルシファー」や「アーリマン」といった悪魔的存在によって導かれる堕落の道である。そのことについて、やや詳しく見よう。

これまで述べたようにシュタイナーの理論においては、人類の霊性進化の歩みが壮大なスケールで描かれるが、しかしその道のりは、決して平坦で直線的というわけではない。むしろそれは、あらゆる存在が盛衰と流転を余儀なくされる、きわめて峻厳なものと考えられている。なかでもその過程には、「人類を進化させようとする存在に敵対する勢力」が待ちかまえている。その代表例が、ルシファーとアーリマンである。

シュタイナーによれば、まずルシファーとは、地球進化の第三周期に当たる「月期」に誕生した霊的存在である。人類は月期を終えた後、「地球期」の段階に推移したが、その際、月期の段階に留まり続けようとする霊たちが現れ、それらのなかからルシファーが生まれた。ルシファーは主に、幻想的な力を行使する悪霊である。ルシファーは地球期において、第三根幹人種のレムリア人に大きな影響を及ぼし、彼らが性的な逸脱行為によって堕落してゆく道を開いたという。

次にアーリマンは、第四根幹人種であるアトランティス人の中期以降に現れた霊とされる。ルシファーが幻想的な力を振るうのとは対極的に、アーリマンは人間に物質主義的な見地を植えつけ、霊界の存在を根本的に否定させようとする。アーリマンの影響によってアトランティス人は、合理的で科学的な思考を著しく発達させたが、同時に彼らは利己心と権力欲に支配され、その文明を破局へと導いてしまった。

ルシファーとアーリマンの働きは、進化の歴史を巨視的に眺めれば、人間精神の自律性や文化の多様性をもたらすものであり、必ずしも単純な悪というわけではなかった。しかし彼らの働きによって、多くの人間が霊性進化の本道を踏み外すことになったのである。

ルシファーとアーリマンは、第五根幹人種である現人類にも根深い影響を与えている。アーリマンはペルシャ文化期に姿を現し、悪神としてその名を冠されるようになった。またルシファーは、エジプト・カルデア文化期に受肉して大きな力を振るい、古代世界の諸文化を濃密な幻想のヴェールで包み込んでしまったのである。

ルシファーとは、「人間の中にあらゆる熱狂的な力や、あらゆる神秘主義的な力を呼び起こす能力を備えた存在」であり、それに対してアーリマンは、「人間を唯物論という迷信へと導き、無味乾燥で散文的で俗物的な存在にする力を持つ」(『悪の秘儀』一〇七頁)。人間は、ルシファーの幻想的な力とアーリマンの唯物論的な力のあいだで均衡を保たなければならず、そうした要請から、「キリスト」という霊格を求める衝動が生じた。

シュタイナーは、キリストの本質は「太陽神」であると述べている。キリストの存在は、遥か太古から、少数の秘儀参入者たちのあいだで認識されてきた。そして、ペルシャ文化期においてその霊格は、アーリマンと対立する光の神の「アフラ・マズダ」として、多くの人々の前に姿を現した。しかし、その本質が初めて明瞭に示されたのは、イエスの磔刑＝「ゴルゴタの秘儀」においてである。シュタイナーの理論によれば、キリストの受肉によって人類は、物質界と霊界双方の存在を明確に理解するようになった。それは「地球期」において、物質性と霊性の双方を兼ね備えることによって「自我」を獲得した人類にとって、さらに高度な霊性に向かって進化するための転換点を画するものなのである。

†近代におけるアーリマンの暗躍

このようにシュタイナーは、第三文化期におけるルシファーの受肉に続いて、第四文化期にキリストが受肉したことを、ルシファーとアーリマンという二種類の悪霊のあいだに均衡点が生じ、人間が善なる方向に向けて進化するための基盤が作られたという出来事として解釈する。しかしそれによって、悪しき霊の力が完全に消えてしまったわけではない。シュタイナーによればキリストの受肉は、左図のように、歴史的な時間軸においてもルシファーの受肉とアーリマンの受肉の中間点に位置しており、ゆえにアーリマンは、現在の第五文化期、三〇〇〇年紀の初頭に受肉し、その本格

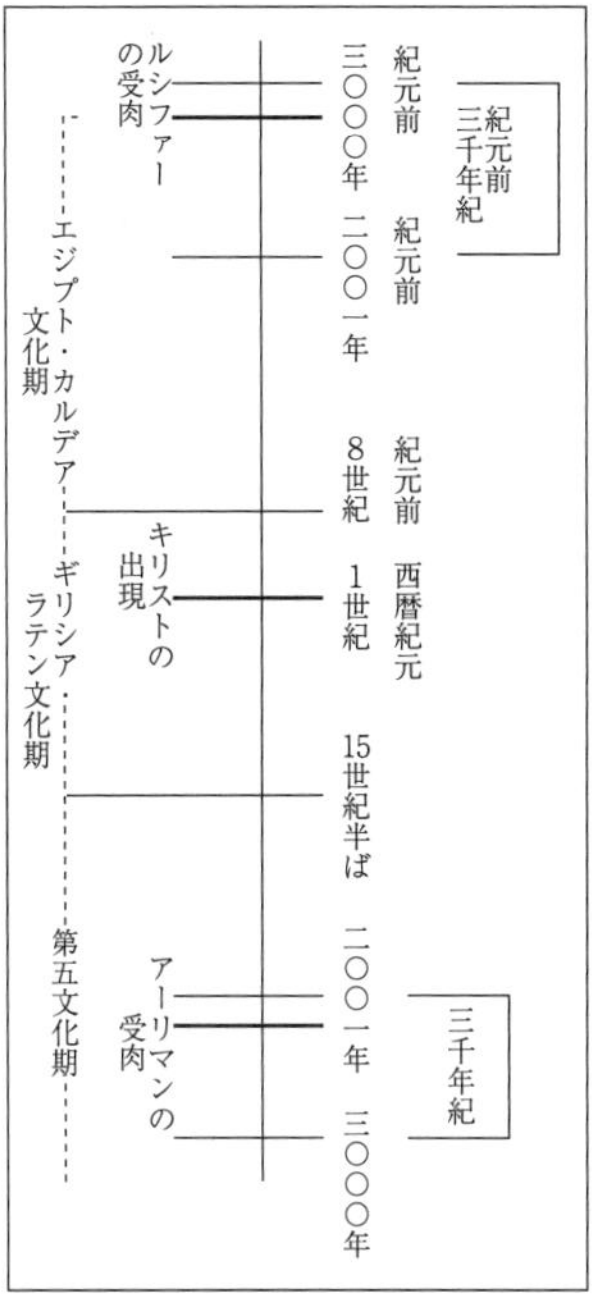

ルシファー・キリスト・アーリマンの歴史的関係

(『悪の秘儀』一三六頁)

的な力を振るうと想定されるからである。

先に見たようにアーリマンは、唯物論的な見方を人々に植えつける存在であり、その力は近代以降の世界において、着実に増進してきた。アーリマンの影響力はさまざまな局面に及んでいるが、その主な領域の一つは、自然科学の諸分野である。物理学であれ天文学であれ化学であれ、そこではすべての存在が数値に還元されるため、人々は次第に、世界は物質から組み上げられた機械のような存在にすぎないという感覚を身に付けることになる。シュタイナーは、ダーウィンの進化論もまた、アーリマンの影響によって作られた理論であると見なす。なぜなら進化論によれば、人間は本質的に他の動物と変わらないその一種と捉えられ、人間に備わった固有の霊性が黙殺されることになるからである。

> アーリマン存在たちは、人間を特別に霊的にしようと努めることはありません。彼らが目指すのは、人間の中の自らの霊性に関する意識を抹殺することです。アーリマンは、「人間とは完全に形成された動物にすぎない」という見解を、人類にもたらそうとします。実際のところ、アーリマンは、唯物論的なダーウィン主義の偉大なる教師なのです。（中略）人間の中にある「自分は神の似姿である」という意識を抹殺し、曇らせること

――これこそが、現在あらゆる精巧な科学的手段を用いて、アーリマンの霊たちが人間の意識魂にもたらそうとしているものなのです。

（『天使と人間』六三〜六四頁）

さらにシュタイナーは、アーリマンが力を発揮するもう一つの主要な分野とは、経済の領域であると指摘する。従来の人間社会においては、王侯や聖職者が中心的役割を果たしてきたが、宗教改革とルネサンスの後、「経済的人間」が新たに指導者のタイプとして登場した。経済人は、自然科学者の方法とは異なるものの、貨幣を介してあらゆる存在を数値に還元する。経済人の観念は、銀行家たちが作り上げる貨幣制度のネットワークによって具体化され、そのシステムは今や、誰も全体像を把握することのできない仕方で世界の隅々にまで広がり、人間の精神を密かに縛り上げている。シュタイナーはその影響力について、次のように論じる。

ようやく十九世紀になって、経済的な人間に代わって銀行家的な考え方をする人間が台頭してきました。つまり十九世紀になって、貨幣経済がその他のすべてを覆い隠してしまうような秩序が、初めて作られることになったわけです。（中略）単なる「栄える富の印」の支配が台頭することによって、まさにアーリマンが人類を欺くための重要な手段が出現したのです。もし人間が、「経済的な人間と銀行家によって作り出された経済秩序に、法的国家と精神の有機体を対置させなくてはならない」ということを洞察できないならば、アーリマンはまさに、この「人々が洞察できない」という点に、みずからの受肉を――つまり確実にやってくることになる、みずからの受肉の勝利を――ふさわしい方法で準備するための重要な手段を見出すことでしょう。

（『悪の秘儀』一二三〜一二四頁）

アーリマンは三〇〇〇年紀の初頭、一人の人間として地上に降臨するが、とはいえその際には、目立った変化が直ちに現れるわけではない。むしろ世界は、アーリマンの影響力によってさらなる科学的・経済的繁栄を達成し、その下で人々は、物質的欲望を満たされた安穏な生活を送ることができるようになる。しかし同時に人間は、もはや「何もする必要がなくなる」。人類の霊性の進化は止まり、やがてはすべてが腐敗して、それまでに築き上げられてきた偉大な文化の数々は、音もなく崩れ去るのである。

こうして、シュタイナーによる現代論は最終的に、キリストとアーリマンの相克という構図に収斂してゆく。彼はその二元論的かつ終末論的な世界観を、ゾロアスター教における善神と悪神の対立、聖書の『ヨハネ黙示録』に描かれた神と悪魔の争い、北欧神話における「神々の黄昏(ラグナロク)」の光景など、諸宗教の伝承を折衷させることによって描き出している。そしてシュタイナーは現代人に対して、アーリマンが張り巡らせる奸計に備えること、キリストの受肉の意義を正しく理解し、未来の進化への道を見据えることを求めるのである。

4　神人としてのアーリア人種――アリオゾフィ

†アーリアン学説と神智学

これまで何度か触れたように、神智学系の諸理論においては、「アーリア人」という存在に特別な位置が与えられている。すなわち、地球上の霊性進化の過程において、現在の人類は「第五根幹人種」の段階に達しており、その人種はアーリア人種とされるのである。

こうした主張の背景には、一八世紀後半以降の諸学問において広範な影響力を持った「アーリアン学説」が存在している。それでは、そもそもアーリアン学説とはどのようなものであり、神智学とどのような関係にあるのだろうか。それについて、ここで簡単に整理しておこう。

アーリアン学説の端緒に位置づけられるのは、イギリスの言語学者ウィリアム・ジョーンズによる、諸言語の比較研究である。一七八三年、カルカッタの高等法院判事としてイギリス植民地下のインドに赴任したジョーンズは、サンスクリット語の研究を手掛け、その語彙の豊富さや文法構造の精巧さを称賛すると同時に、それがギリシャ語やラテン語を始めとするヨーロッパの諸言語と著しく類似していることを指摘した。そしてジョーンズは、それらの言語の他、ゴート語やケルト語やペルシャ語等を含む諸言語が「ある共通の源」から発したという仮説を提示したのである。ジョーンズの仮説はそれ以降、多くの研究者によって継承・展開され、その存在は「インド・ヨーロッパ祖語」と呼ばれるようになった。

ヨーロッパの諸言語の起源は、一体どこにあるのか。比較言語学において提示されたこのような問いは、次第にヨーロッパ文明そのものの起源に対する問いへと推移していった。その際に大きな役割を果たしたのは、サンスクリット学者であると同時に比較宗教学者でもあった、マックス・ミュラーという人物である。ミュラーは、インドに進入したサンスクリット語を話す人々に対し、彼らが自らを「高貴さ」を意味する「アーリア」と称していたという理由から、その存在を「アーリア人」と呼ぶべきであると主張した。ミュラーによればアーリア人は、インドから北西に向かって移住してゆき、その過程でさまざまな言語や文明や宗教を作り上げたのである。

ミュラーは晩年、自身の説が根拠に乏しいことを認めたが、「諸文明の祖」としてのアーリア人という幻想的なイメージは、多くの研究者や思想家によって拡大されていった。その典型例として、フランスの作家アルテュール・ド・ゴビノーを挙げることができる。彼は『人種不平等論』（一八五三〜五五年）という著作において、人類を黒色人種・黄色人種・白色人種の三類型に大別し、黒色人種は知能が低く動物的であり、黄色人種は無感動で功利的、そして白色人種は高い知性と名誉心を備えていると論じた。アーリア人種は白色人種の代表的存在であり、インド、エジプト、ギリシャ、ローマ、ゲルマンといった人類史上の主要な文明は、すべて彼らによって創造されたのである。

ゴビノーによるアーリア人種至上主義は、ヒューストン・ステュアート・チェンバレンの『一九世紀の基礎』（一八九九年）という著作によって継承・先鋭化され、そこでは、アーリア人種のなかでもゲルマン人こそがもっとも優れた存在であると説かれた。彼の理論は、ナチズムのイデオロギーを支える重要な柱の一つとなったのである。

そして、ブラヴァツキーの神智学もまた、ミュラーの理論を始めとするアーリアン学説から多大な影響を受けることによって構築された。それは『シークレット・ドクトリン』において、肯定的にせよ批判的にせよ、ミュラーに対する言及が数多く見られることからも推察される。ミュラーの宗教学とブラヴァツキーの神智学は、さまざまな宗教を比較分析することによって、キリスト教を中心とする従来の歴史からは隠された真の宗教史を解明したいという動機を共有していた（杉本良男「比較による真理の追求――マックス・ミュラーとマダム・ブラヴァツキー」を参照）。そして神智学はアーリアン学説を、宇宙的進化を描く壮大な世界観の内部に包摂したのである。

本章で概観してきたブラヴァツキーやリードビーター、そしてシュタイナーの思想には、アーリア人種中心史観や優越論の傾向が確かに見受けられるが、しかし他方、それがゴビノーやチェンバレンのような「アーリア人種至上主義」にまで達しているとは言い難い。なぜなら、神智学の理論においてアーリア人種は、人類の霊性進化のプロセスにおける一段階を占める存在にすぎず、やがては新しい人種によって乗り越えられるべきものと考えられているからである。その意味で両者は、アーリアン学説をまったく異なる方向に敷衍している。

しかしながら、オーストリアやドイツの思想風土においては、神智学とアーリア＝ゲルマン至上主義がそれぞれ広く受容されるにつれて、両者が緊密に結合されるという動きが現れた。その思想は「アリオゾフィ（アーリアの叡知）」と呼ばれる。そこでは、アーリア人種至上主義が、神智学のオカルト的宇宙論・宗教論をもとに再解釈され、アーリア人こそが「神人」に他ならないと主張されるのである。以下では、その思想について概観することにしよう。

†リストのゲルマン崇拝

アリオゾフィを提唱した主要人物は、ともにオーストリア・ウィーンの出身者であり、「フォン」という貴族の称号を自ら冠した、グイド・フォン・リスト（一八四八〜一九一九）とランツ・フォン・リーベンフェルス（一八七四〜一九五四）である（この二者に関しては、彼らの著作に直接当たることができなかったため、主にグッドリック＝クラーク、横山茂雄、シュヌーアバインによる研究書に依拠した。巻末の資料一覧を参照）。

グイド・フォン・リスト（本名はグイド・カール・アントン・リスト）は、一八四八年、

グイド・フォン・リスト

ウィーンの裕福な皮革商人の家庭に生まれた。一家の宗教はカトリックであったが、リストは少年時より、ゲルマン民族の神話に心を引かれ、故郷の自然に対する崇敬の感情を抱いていた。彼は一四歳のとき、ゲルマン民族の最高神ヴォータンに対し、将来その神殿を建てることを誓ったと言われる。

青年になったリストは、ウィーンのボート・クラブや山岳会に入会して自然に親しみ、しばしば友人たちとキャンプに出かけた。リスト自身の証言によれば、一八七五年の夏至の日、彼は友人たちとともにローマ時代の遺跡カルヌントゥムを訪れ、ワインの瓶を「スワスティカ（鉤十字）」の形に並べて、古代ゲルマン人の栄誉を称えたという。七七年に父親が死去すると、家業の商売から足を洗い、民族主義的な新聞や雑誌を主な舞台とするジャーナリストとしての活動に転じた。八一年には、古代ゲルマン人がローマ人に勝利した戦いを描く長編歴史小説『カルヌントゥム』を発表している。

リストにとって大きな転機となったのは、一九〇二年に白内障を病み、一一カ月間に及ぶ失明状態に陥ったことである。その経験によって彼は急速に霊感を発達させ、自らの転生の記憶を回復し、古代ゲルマン人の世界を霊視することができるようになったと言われる。その時期に彼は、グイド・フォン・リストと名乗り始めた。彼は以前から、ブラヴァツキーやシュタイナーの教説に触れていたが、病から回復して以降は、神智学の理論を用いたゲルマン信仰の再定礎を積極的に試みるようになる。

†秘教アルマニスムス

リストが主に手掛けたのは、「アーリアの原言語」の探求であった。リストによれば、それを話していたのは古代ゲルマン人であり、サンスクリット語・ギリシャ語・ラテン語といった諸言語は、そこから派生したものである。また、アーリアの原言語は、ゲルマンの古文字である「ルーン文字」によって表記された。ルーンとは「秘密」を表し、その文字には表面的な意味の他に、神秘的な教えが隠されている。リストはその教えを、ゲルマン神ヴォータンに因んで「ヴォータニスムス」と呼ぶ。そしてヴォータニスムスのなかには、「アルマニスムス」(タキトゥスの『ゲルマニア』に由来する用語)と呼ばれるさらなる秘教が隠されており、それはごく少数の秘儀参入者(イニシエート)たちによって継承されてきたという。

リストは神智学と同じく、宇宙全体が霊に満ちており、各存在が霊性のレベルに応じて階層化されているという世界観を有していた。リストはそれを「精神の環」と呼ぶ。それは、最高位の宇宙精神から始まり、太陽精神と地球精神を経て、人種や民族の精神に達する。そしてアーリア人種は、人種精神において最高度の発展段階にあると位置づけられた。

アーリア人種のなかでもっとも高貴な存在は、ゲルマン民族である。リストによれば、古代においてゲルマン民族の社会組織は、生産階級・戦士階級・学者階級の三身分から構成されていた。そのなかで最上位に位置するのは、「アルマネン」と呼ばれる学者階級であり、彼らが保持していた秘密の教えが、先述の「アルマニスムス」である。アルマネンは、その教えが当時の一般の人々には理解されないことを察知し、それをルーン文字や、スワスティカ等の紋章の背後に隠したと言われる。

アルマニスムスはこれまで、キリスト教からの迫害を絶えず被ってきたが、その教えは、聖堂騎士団・薔薇十字団・フリーメイソンといった結社によって密かに継承されてきた。そしてリストによれば、時代は今や大きな転換期を迎えている。アーリアの知恵の精髄であるアルマニスムスが再び公にされ、その教えの保持者が支配階級に返り咲く時代が、近く到来すると考えられるからである。

その際に必要とされるのは、アーリア人種の純粋性を回復し、「高貴な人種」を育成す

ランツ・フォン・リーベンフェルスと
彼が修道院で見た彫刻

ることである。アーリア人種の血統は、これまでの歴史の過程で、多くの劣等人種との混血によって汚されてしまった。これ以上の人種混合を阻止し、「神々の後裔」となるエリートを育てること、また、高等人種と劣等人種を明確に区別し、それぞれの性質にふさわしい階級や職業を与えるべきことを、リストは主張したのである。

†ランツの神聖動物学

このようにリストは、アルマニスムスという秘教を保持してきた霊的エリートたちの存在を想定することにより、アーリア＝ゲルマン至上主義と神智学を結合させようと試みた。その発想をリスト以上に押し進めたのは、ランツ・フ

『神聖動物学』に掲載されたアッシリアの彫刻

ォン・リーベンフェルス（本名はアドルフ・ヨーゼフ・ランツ）という人物である。

ランツは一八七四年、教師の子息としてウィーンに生まれた。宗教に対する関心が強かったランツは、家族の反対を押し切り、一九歳でカトリック・シトー会の聖十字修道院に入会している。

その一年後に彼は、院内で偶然発見された墓石の彫刻から、決定的な霊感を受ける。その彫刻は、一人の貴人が一匹の野獣を指さしながら踏みつけているという図柄であり、ランツはそこから、善の原理である貴人＝高等人種と、悪の原理である獣人＝劣等人種の闘争こそが、人類史の隠された真相であると直観するに至った。彼はそれを契機に修道院を去り、その後、特異な神学的人種論を展開するようになる。

一九〇五年にランツは、『神聖動物学——ソドムの猿と神々の電子についての学問』という論考を発表した。このなかでランツは、聖書を始め、タルムード、エッダ、ギルガメッシュ叙事詩等の文献を渉猟することにより、古代社会においては、人間と動物のあいだで頻繁に性交が行われていたことを論証しようとする。

なかでもランツが大きく影響されたのは、紀元前九世紀のものとされるアッシリアの彫刻であった。そこには、人間の顔をした奇怪な動物たちを連れて歩く人々の姿が描かれている。碑文によればそれらの生物は、他国からアッシリア王へ贈られた献上品であり、王はその獣人たちを国内で繁殖させたという。ランツはこれを、古代において人間と獣人の混血が生じた証拠であると解釈する。

他方でランツによれば、人間は本来、神に等しい超自然的能力を備えていた。それは、電子を介して自在に交信する能力であり、人間はそれによって霊的存在を知覚することができたのである。脳内の松果体は、そうした高次の感覚器官の名残であり、かつては「第三の眼」と呼ばれていたとされる。

人類は原初において、純粋交配によって神の力を維持しなければならないという掟を課されていたが、人間のなかにはその掟を破り、動物との性交に及ぶ者たちがいた。聖書に記された、エデンの園における人間の原罪、天使の堕落、ソドムの罪といった物語はすべて、獣姦を犯すことによって人間が神的能力を毀損させたことを表しているという。

獣姦が繰り返されることによって、神人＝高等人種が堕落した一方、獣人＝劣等人種は高みに引き上げられ、彼らは今日の有色人種となった。すなわちランツによれば、白色人種とは「堕落した神人」であり、有色人種とは「引き上げられた獣人」なのである。
白色人種のなかでも、神的要素をもっとも多く留めているのはゲルマン民族であり、金髪・碧眼・長身といった身体的特徴は、神に近い存在の証であるとされる。ゆえにゲルマン民族は、劣等人種との雑婚を拒絶して血統の純粋性を回復し、神への進化の道を再び歩まなければならない。ランツは、キリスト教を始め、さまざまな宗教の伝統のなかには、人間に内在する神性を回復させるための鍵が隠されていると考えた。後に彼はそれを「アーリアの叡知」＝アリオゾフィと称するようになる。

†『神智学とアッシリアの獣人』

一九〇七年に発表された論考『神智学とアッシリアの獣人』においてランツは、先述の神人と獣人に関する自説を、ブラヴァツキーの『シークレット・ドクトリン』を参照しながら再論している。この文書によれば、原初においてアーリア人は、グリーンランド、アイスランド、スカンディナヴィアといった北方の島嶼部に居住していた。彼らはその地で純粋交配を行い、安定した進化の道を歩んでいたのである。

ところが、アーリア人が北方の聖地を離れ、他の地域にまで広まっていった際に、動物との交接という忌むべき事態が発生した。ランツはそれを、『シークレット・ドクトリン』におけるレムリア大陸の記述を援用しつつ論じている。高等人種であるアーリア人はその行為によって、神聖なる「第三の眼」を失ってしまった。またランツによれば、今日存在する有色人種・類人猿・奇形等は、かつての獣姦による所産であり、彼らの正体は「退化した人間」であるという。そればかりか、ルシファーを始めとする悪魔たちも、その正体は「堕落した人間」に他ならない。

人類の、とりわけアーリア＝ゲルマン人の神聖性は、これらの劣等種族によって汚され、その本質を覆い隠されている。ランツはこの論考の末尾で、諸宗教における秘密の伝統を探究することにより、人間本来の神的な姿を取り戻すべきであると論じる。

今や、人類学者は古代の秘教文献を研究すべきであろう。なぜなら、秘教文献は、我々が今日突き止めることができるより、遥かに多くのことを知っているからである。(中略)そこにおいて、後の劣等文化の瓦礫の山に埋もれた、唯一にして永遠の人類宗教の基礎が再び露わとなる。この基礎の上に、新たな信仰の神殿、その祭神が再度上方へと養育された美しく洗練された人間であるような神殿が、聳えるのだ。豚小屋の飼葉桶から神的な生家へと我々は再び帰還し、世界はまさにブッダとキリストの世界となるであろう！

（『神智学とアッシリアの獣人』は、横山茂雄『聖別された肉体』に抄訳が掲載されている。同書三二九頁より引用）

†新テンプル騎士団

リストと同様にランツも、アーリア人が保持していた本来的叡知は、数々の宗教結社によって密かに継承されてきたと考えている。ランツによれば、そのような結社の一つであるテンプル騎士団がかつて目的として掲げた「聖杯の探求」とは、神人の育成こそを意味していた。

彼はその運動を再興するために「新テンプル騎士団」を結成、一九〇七年に団体の拠点として、ドナウ河畔の古城であるヴェルフェンシュタイン城を購入した。騎士団への入会に当たっては、ゲルマン人としての血統の正しさと、金髪・碧眼という身体的特徴を有していることがその条件とされた。騎士団には七つの位階が存在し、人種的純粋性、年齢、教団内の功績等によって、各成員の地位が決定された。会の活動としては、ゲルマン人の系譜や紋章に関する研究や、人種意識を高めるための美貌コンテストが行われたという。

ランツが発行した機関誌『オスタラ――金髪と男権論者のための雑誌』においては、アーリア人種の純粋性を高め、その数を増加させるための方策が積極的に論じられた。すなわち、金髪同士の夫婦に対して給付される報奨金制度や、高等人種の女性を僧院に囲い込んで「種母」とし、多くの子供たちを出産・育成するためのコロニーを創設するといった計画である。他方、劣等人種への対策としては、避妊の徹底、断種、去勢に加え、強制労働や戦争への動員によってその数を減少させることが提案された。このようにランツの思索は、次第に具体的かつ大規模な人種政策へと及ぶようになった。そして「新テンプル騎士団」という組織は、アーリア＝ゲルマン人が神への進化の道に復帰するための雛形として位置づけられたのである。

†ゲルマン主義結社からナチスへ

二〇世紀初頭に開始されたアリオゾフィの思想運動は、ドイツやオーストリアにおいて徐々に支持者を増やしてゆき、ついにはナチズムの源流の一つを形成することになる（両者の関係については、ここでは十分に論じる余裕がないため、詳しくは巻末に示した諸文献を参照していただきたい)。その運動の特徴について簡潔に指摘しておくとすれば、それは一方で、アーリア=ゲルマン人種の純粋性と至上性を追求するさまざまな結社が広範に普及していったこと、また他方で、劣等人種とされる対象がもっぱらユダヤ人に局限化されると同時に、その動きにまつわる「陰謀論」が語られるようになったことである。

トゥーレ協会の紋章

リストやランツによって創始されたアリオゾフィの宗教結社は、数々の後継団体を介して発展した。なかでもナチスと直接的な影響関係を持ったのは、ルドルフ・フォン・ゼボッテンドルフ(一八七五〜一九四五、本名はルドルフ・グラウアー)によって創設された「トゥーレ協会」である。

ドイツのドレスデン近郊で生を受けたゼボッテンドルフは、ブラヴァツキーと同様、世界各地を放浪して渡り歩く青年期を過ごした。彼は特に、エジプトやトルコを頻繁に訪れ、同地で神秘主義的フリーメイソンの一支部に接触し、一時はイスラム神秘主義の教えに深く心酔した。

その後、ドイツに戻ったゼボッテンドルフは、リストによるルーン文字の研究から触発を受け、イスラム神秘主義とルーン文字はともにアーリア的起源を有するのではないかと考えるようになる。彼は一九一六年、アーリア至上主義の団体「ゲルマン教団」に加入し、その二年後には、同教団の分派を改組してトゥーレ協会を創設した。トゥーレとは、極北に存在すると言われる伝説の島の名であり、同協会はその地を、アーリア人の原郷と見なした。

トゥーレ協会は、第一次世界大戦の敗北によって懊悩と不満を抱えたドイツの若者たちの心を捉え、急速に発展した。同会は一八年に『ミュンヒナー・ベオバハター』という新聞を買収、翌年には紙名を『フェルキッシャー・ベオバハター(民族の観察者)』に変更し、ゲルマン民族礼賛と反ユダヤ主義の論説を盛んに掲載した。また一九年には、トゥーレ協会のシンパであった青年が、ユダヤ人の政治家でバイエルン革命政府首相であったクルト・アイスナーを暗殺するという事件を起こしている。

トゥーレ協会の会員や関係者には、ディートリッヒ・エッカート、カール・ハウスホーファー、アルフレート・ローゼンベルク、ルドルフ・ヘスなど、後のナチズムの展開において重要な役割を担う人々が数多く参集していた。トゥーレ協会は、当初のオカルト風宗教結社から、次第に実践的な政治色を強めてゆき、一九年に「国家社会主義党」の下部組織を結成、二〇年には「国家社会主義ドイツ労働者党」＝ナチスと改称した。そしてその翌年、アドルフ・ヒトラーが党の第一議長に就任し、ひいては「指導者（フューラー）」と呼称されるようになったのである。

†ユダヤ陰謀論の蔓延

このように、アーリア至上主義の宗教結社の一つから、極右政党であるナチスが生み出されたわけだが、同時期にそれと並行して見られたのは、『シオン賢者の議定書（プロトコル）』という文書に依拠した、ユダヤ陰謀論の蔓延であった。

この文書は、一八九七年にスイスのバーゼルで行われた第一回シオニスト会議において、ユダヤの長老たちによって取り交わされた決議文であるとされる。その内容は、政治的自由主義や国際的金融システムの普及、さらにはフリーメイソンといった秘密結社を用いて各国家を混乱・弱体化させ、最終的には「ユダヤの王」による世界征服を目指すという、ユダヤの陰謀を描いたものであった。

『議定書』は、二〇世紀初頭、ロシアで最初に公にされたが、それから間もなく、フランス人の弁護士が著したナポレオン三世批判のパンフレットを改変して作られた偽書であることが暴露された。しかし、それにもかかわらず『議定書』は、以降も爆発的な勢いで世界中に流布されていった。その原因は、長い歴史においてユダヤ人に対する反感や差別意識が蓄積されていたことに加え、近代社会における政治や経済の混乱に対して群衆が抱く不安を、この文書が的確に掬い上げていたためと考えられる。

ヨーロッパを這い回る「象徴の蛇」

『議定書』に付された解説文においては、セルゲイ・ニールスという人物が、ユダヤの陰謀を「象徴的蛇の奸計」と表現したことから、同文書のさまざまな版では、巨大な蛇がヨーロッパを這い回る図柄が掲載された。その他の版では、しばしば表紙に蜘蛛や悪魔の絵が用いられ、ユダヤ人に対する強烈な負のイメージを、人々の脳裏に刷り込んでいった。

また、ここで指摘しておかなければならないのは、『議定書』が普及する際に、神智学徒を含むオカルティストたちが積極的な役割を担ったということである。この文書を最初にフランスからロシアに持ち込んだのは、ユリアナ・グリンカというロシア人女性であったと言われるが、彼女はブラヴァツキーとも親交を持った神智学の信奉者の一人であった。

これまで見てきたように、神智学の教説においては、「大白色同胞団」に対抗する「闇の同胞団」の存在がしばしば囁かれ、またシュタイナーの人智学においては、アーリマンという悪魔が銀行家たちを陰で操っていると語られていたため、それらの闇の勢力の正体が「ユダヤ」であると同定されるのは、きわめて自然な流れであっただろう。こうして、当時のヨーロッパに存在した数多くのオカルト的宗教結社の内外では、『議定書』に基づくユダヤ陰謀論が盛んに唱えられるようになったのである。

†『二十世紀の神話』と親衛隊

一九二三年にミュンヘン一揆を起こし、ヒトラーの投獄という事件を経た後、ナチスは合法的な手段による政治進出へと方針を転換し、以降は政党としての勢力を着実に伸張させていった。しかしその活動の背景では、アリオゾフィの世界観、特に人間を「神人」と「獣人」に区別する二元論的思想が、依然として燻り続けていた。

かつてのトゥーレ協会の関係者であり、ナチスの幹部の一人となったアルフレート・ローゼンベルクは、三〇年、ヒトラーの『わが闘争』と並ぶナチズムの聖典と見なされる書物、『二十世紀の神話――現代の心霊的・精神的な価値争闘に対する一つの評価』を公刊した。同書の副題に掲げられた「現代の心霊的・精神的な価値争闘」とは、突き詰めれば、高等人種たるアーリア人と劣等人種たるユダヤ人のあいだの闘争を意味している。そこに描かれた歴史観は、次のようなものである。

『二十世紀の神話』によればアーリア人は、北方に存在した伝説の地アトランティスに原郷を有し、そこから南下して、エジプト、インド、ペルシャ、ギリシャ、ローマの地に数々の文明を創造した。しかし彼らが築いた文明は、アジア人、アフリカ人、ユダヤ人といった劣等人種との雑婚によってアーリアの高貴な血が汚されることで、やがて頽廃へと追い込まれることになった。

なかでも今日、ユダヤ人の影響力は甚大である。イエス・キリストは、ユダヤ人ではなくアーリア人であり、それにふさわしい偉大な人格の持ち主であったが、その教えは彼の死後間もなく、パリサイ的形式主義によってユダヤ化された。イグナチウス・ロヨラによって創始されたイエズス会も、二代目総長にユダヤ人が就任して以降、ユダヤ的組織に変

ルーン文字で表記された「SS」

質した。ユダヤ人によって考案された金融学という擬制的かつ詐欺的な手法は、今や世界を席巻している。フリーメイソンが掲げた「自由・平等・博愛」の理念は、民族の絆を弛緩させ、ユダヤ人や有色人種に不当な権利を与えることになった。資本主義の打倒を標榜するマルクス主義もまた、唯物論によって世界を染め上げるためのユダヤの策謀に他ならない――。人類を雑種化させ、その精神を退嬰化させるユダヤの力に抗して、アーリア＝ゲルマンの本来的純血と精神的高貴さを取り戻すことこそが、現在のドイツ人に求められているのである。

こうしてアリオゾフィの世界観は、ローゼンベルクの『二十世紀の神話』という書物を介して、ナチズムの教義のなかに吸収されていった。他方、アリオゾフィに見られた結社の形態を踏襲したのは、ハインリヒ・ヒムラーによって率いられた「親衛隊（Schutzstaffel＝SS）」である。

かつてランツが「新テンプル騎士団」を結成し、ヴェルフェンシュタイン城に金髪・碧眼の成員たちを集めたように、ヒムラーもまた、親衛隊の施設としてヴェーヴェルスブルク城という古城を入手し、金髪・碧眼の選り抜きの隊員たちを集め、ゲルマン部族の血統の永遠性を象徴する宗教儀礼を執行した。親衛隊のなかには、「祖先の遺産（アーネンエルベ）」という名称の研究機関が設けられ、そこでは、北欧神話やルーン文字を始めとして、アーリア人種の歴史的足跡の探求が行われた。

また彼は、死者の再生を信じており、自身を一〇〇〇年前のザクセン王・ハインリヒ一世の生まれ変わりであると考えた。そしてヒトラーに対しては、カルマによってその出現が運命づけられた救世主的人物と見なしていたと言われる。

†神々と獣たち

ヒトラー自身は、ローゼンベルクやヒムラーに比べれば遥かにリアリスティックな人物であり、彼らの夢想家振りをしばしば揶揄していたことが伝えられているが、高等人種と劣等人種の相克という二元論的世界観や、前者を純化して後者を駆逐することが人類にとっての「種の進化」につながるという発想を、少なくとも彼らと共有していたように思われる。ヒトラーの謦咳に直接触れた人間の一人であるヘルマン・ラウシュニングは、ヒトラーの次のような発言を記録している。

人間は、生物学的に見るならば、明らかに岐路に立っている。新しい種類の人類はいまその輪郭を示し始めている。完全に自然科学的な意味における突然変異によってである。これまでの古い人類は、これによって、必然的に、生物学的に衰退の段階に入っている。古い人間は、衰退形態においてのみ、その生を生きながらえるのである。創造力は、すべて新しい種類の人間に集中することになろう。この二種類の人間は、急速に、相互に逆の方向へ発展している。一方は、人間の限界の下へ没落していき、他方は、今日の人間のはるか上まで上昇する。両者を神人および獣的大衆と呼ぶことにしたい。（中略）人間とは生成途上の神である。人間は、自己の限界を乗り超えるべく、永遠に努力しなければならない。立ちどまり閉じこもれば、衰退して、人間の限界下に落ちてしまう。半獣となる。神々と獣たち。世界の前途は今日、そのようなものとしてわれわれの行く手にあるのだ。こう考えれば、すべては、なんと根源的で単純になることか。

（『永遠なるヒトラー』二九六〜二九七頁、傍点は引用者）

ラウシュニングが著したヒトラーの言行録については、その信憑性に対する疑義も提示されているため、彼の記述をすべて鵜呑みにするわけにはいかない。ヒトラーにおけるアーリア人種の優越思想が、果たしてそれを「神」と見なすところにまで達していたかどうかについては、今日結論を下すことは難しいだろう。

しかしヒトラーは『わが闘争』において、人類の文化における芸術・科学・技術の成果に対し、そのほとんどがアーリア人種の「神的なひらめき」から生み出されたと論じており、それのみならず、「アーリア人種だけがそもそもより高度の人間性の創始者であり、それゆえ、われわれが「人間」という言葉で理解しているものの原型をつくり出した」（同書上巻四一三頁）と述べている。すなわち、ヒトラーにとってアーリア人種とは、人間性そのものを作り出したそれ以上の何か、だったわけである。

他方でヒトラーは、『シオン賢者の議定書』に由来するユダヤ陰謀論から多大な影響を受け、『わが闘争』のなかでユダヤ人を、人体の見えない部位に潜んでそれを密かに蝕む「寄生虫」に喩えている。神的な創造力を有するアーリア人を純化・育成し、人間以上の存在に到達するか、あるいはユダヤ人に蝕まれて人間以下の存在に堕ちてゆくか――。ヒトラーにとって現在の人類は、そのような岐路に立つものと映ったのである。

第二次世界大戦の状況が刻々と悪化するなか、ナチスが最後まで固執し続けたのは、一方でゲルマン民族にとっての「生存圏（レーベンスラウム）」の確保であり、他方でユダヤ民族の駆逐と殲滅であった。ユダヤ人が推し進める国際化の波に抗して、ゲルマン民族が単独で生存しうるための十分な領土を獲得しなければならないという「生存圏」の理論によって、ドイツの対外侵出は正当化された。また、ドイツ国内の他、ポーランドやノルウェー等の占領地には、親衛隊の主導によって「生命の泉（レーベンスボルン）」という養護施設が作られ、金髪・碧眼の子供たちを養育するための政策が実行された。親衛隊の長官であったヒムラーはその目的を、「指導者階級としての、すなわち世界を治める全能の貴族としての北方種を復活させることである」と表現している（『ナチスドイツ支配民族創出計画』一九一頁、傍点は引用者）。

その一方、周知のように、六〇〇万人以上にも及ぶユダヤ人が強制収容所に送致され、「チクロンB」という殺虫剤の使用により、人間以下の生物として粛清を受けることになった。ナチズムにおける民族的運動が、通常の近代的ナショナリズムの範疇を遥かに超える暴挙に結びついた原因の一つとして、霊性進化論に基づく特異な世界観からの隠然たる影響があったということを、われわれは決して見逃してはならないだろう。

第二章

米英のポップ・オカルティズム

前章で見たように、ロシアの霊媒ブラヴァツキー夫人によって創始された神智学は、インドとヨーロッパ諸国を中心に世界的な広がりを見せ、その過程で多くの分派や支流を生みだしていった。しかしその運動は、教義の過度の神秘化、大師の実在性や霊能力の信憑性に対する疑惑、分派間の対立、クリシュナムルティを救世主として掲げた「東方の星教団」の解散、ナチズムとの関係性などのさまざまな要因によって、第二次世界大戦以降は、全体として下火に向かったと考えられる。

とはいえ、神智学が作り出した思想体系、すなわち本書において「霊性進化論」と呼ぶ潮流が、それで途絶えたというわけではない。第二次大戦後、アメリカが世界の中心国の一つとなり、資本主義経済の発展によって本格的な大衆消費社会が実現されると、霊性進化論も装いを変え、ポップなオカルティズムとして多くの人々に受容されることになる。そしてその動きは、一九六〇年代以降のアメリカにおいて、「ニューエイジ」と呼ばれる現象の重要な一角を占めるものとなっていったのである。

実際のところそれらの思想においては、体系の骨組み自体は神智学のそれからほとんど変化していないのだが、大衆の目を引くために、新奇性やエキゾティシズムを感じさせるさまざまな装いが、その表面に施されている。本章では、アメリカとイギリスで活躍した四人の人物を取り上げ、その経歴や思想の特徴について見てゆくことにしよう。

1　輪廻転生と超古代史――エドガー・ケイシー

†ケイシーの経歴①――催眠時人格の出現

エドガー・ケイシー（一八七七〜一九四五）は、催眠状態において数々の神秘的な言葉を発したことから、「眠れる預言者（sleeping prophet）」という呼称で知られる人物である。彼はある出来事を契機に、超自然的な知恵の源にアクセスする方法を会得し、生活上の健康法から人類の命運に至るまで、数多くの預言を残した。

エドガー・ケイシー

ケイシーは一八七七年、アメリカ・ケンタッキー州のホプキンズビル近郊で生まれた。少年期のケイシーは、内向的で大人しい性格であり、学校での成績はあまり芳しいものではなかった。聖書を読むことを何よりも好み、一〇歳のときに初めて聖書を手にして以降は、毎年一回それを通読することを課題にしていた。

一三歳のある日、いつものように一人で聖書を読み耽っていると、ケイシーの目の前に天使が現れた。天使から願いを尋ねられた彼は、「僕の一番の望みは、他の人たちを助けるような人になることです。特に病気に苦しむ子供を助ける人になることです」と答えたという(『永遠のエドガー・ケイシー』七八頁)。

ケイシーは、牧師か医者になることを望んでいたが、その希望は叶わず、青年期には書店員や保険の外交員として働いていた。そうしたある日、彼は喉頭炎を患い、声を発することができなくなってしまう。さまざまな治療を試みたが症状は改善せず、苦悩していたところ、メスメリズムの知識を持つ人物から、催眠による治療を受ける機会を得た。

ケイシーに催眠を施してみると、その状態において彼は、正常に声を発することができた。それればかりか、普段とは異なる人格が突如として出現し、その人格は、彼の病気の原因と治療法を語り始めたのである。その様子は、ケイシーの伝記において次のように描写されている。

二、三分するとエドガーは不明瞭な声で何かぶつぶつと言い始めた。と、ひとつ咳払いすると、はっきりと、正常な声で話し始めた。「そうだ」とエドガーは言った。「我々にはその肉体が見える」（中略）「普通の状態では」とエドガーは続けた。「この肉体は神経が圧迫されることで引き起こされる声帯の下部筋肉の部分的な麻痺のために話すことが出来ないのである。これは心理的状態が肉体に影響しているのである。この症状はこの無意識の状態にある間に、暗示によって患部への血液循環を増大させることで取り去ることが出来る」

（『永遠のエドガー・ケイシー』一八二頁）

催眠時人格の導きにより、ケイシーは失声症を克服することができた。さらに催眠状態のケイシーは、自身の病のみならず、他の人々のさまざまな病に対する治療法をも教えたのである。その噂は急速に広まり、彼のもとには多くの患者が訪れるようになった。

覚醒時のケイシーは、医学の知識をまったく持っていなかったため、このような行為は許されるのかということに絶えず危惧を覚えていたが、通常の医療から見放されて苦しむ人々の要請を拒絶することもできず、彼らの相談に応じ続けた。相談者のなかには、競馬や株価の予想、石油の埋蔵地の探索など、私益のためにケイシーの能力を利用しようとした者もいたが、そうした場合には、彼の能力はうまく発揮されなかったという。

†ケイシーの経歴②――前世の解読

ケイシーにとって大きな転機となったのは、一九二三年にアーサー・ラマースという人物と出会ったことである。ラマースの職業は印刷業者であったが、宗教や哲学への造詣も深く、彼はケイシーに対して、催眠時の人格に宇宙の構造や人間の霊魂のあり方について尋ねてみることを提案した。それを試みた結果、催眠時のケイシーが答えたのは、人間の霊魂が宇宙の法則に従いながら「輪廻転生」を続けているということであった。

ケイシーは敬虔なキリスト教徒の一人として日常生活を送っていたため、その回答を聞いた直後は大いに当惑したが、少なくとも聖書は輪廻の存在を否定していないという考えから、徐々にその霊魂観を受け入れるようになった。ラマースはケイシーに、病気治療を目的としたこれまでの診断に加え、過去の転生の経緯を含む、人生全体に関する相談にも応じるように助言した。これ以降、前者は「フィジカル・リーディング」、後者は「ライフ・リーディング」と称されるようになる。

ケイシーの周囲には多くの支持者たちが集まり、その活動は次第に組織的なものとなった。活動の拠点としてバージニア州のバージニア・ビーチが選ばれ、一九二九年には同地にケイシー病院が建設された。院内では、病気の治療の他、人間の霊性進化に関する勉強会が催され、その発展的な形態として、アトランティック大学の創設が企画された。

しかし当時は、世界恐慌の影響が社会に広がりつつあり、ケイシーの活動もその影響から、縮小や中止を余儀なくされた。また三一年には、結果として無罪判決が下されたものの、運命鑑定を行ったという罪状でケイシーが逮捕されるという事件も起こっている。

ケイシーの活動は、生前には大きな発展を見せることがなかったが、来談者への応答は常に継続され、その大量の記録が残された。ケイシーは四四年に卒中で倒れ、翌年に六七歳で死去した。

†ポピュラー化するケイシー思想

このようにケイシーは、催眠状態において人々からの相談や質問に答え続けるという、きわめて特異な人生を送った。催眠状態のケイシーが語った言葉は「リーディング」と称され、その記録はおよそ一万四〇〇〇件に上る。それらは現在、バージニア州にあるエドガー・ケイシー財団によって管理されている。

ケイシーの存在が社会から広く知られるようになったのは、彼の晩年から死後にかけてのことであった。四三年、トマス・サグルーによる詳細な伝記『永遠のエドガー・ケイシー』が公刊され、同書は長く読み継がれた。また、ケイシーによるリーディングの記録をもとに、彼の思想や歴史観について論じた書物が数多く出版され、ジナ・サーミナラによって五〇年に公刊された『転生の秘密』を始めとして、そのいくつかはベストセラーとなった。それらの書物は、アメリカのニューエイジ思想における聖典的な位置を占めたのである。

ケイシーの思想が戦後のアメリカ社会において大衆的な人気を博したのは、「ケイシー療法」と呼ばれる代替医療、「ライフ・リーディング」という前世診断、「アトランティス滅亡」をめぐる超古代史といった要素が、当時の人々にとって魅力的に感じられたからであると思われる。このなかで代替医療については、初期のケイシーの活動におけるもっとも重要な要素であり、一九世紀のアメリカで創始された「ニューソート（新思考）」と呼ばれるキリスト教運動からの影響が認められるが、本書の主題からは外れるため、ここでは措いておこう。次に、ケイシーの基本的な宇宙観や霊魂観と、それに基づく前世論や超古代史論について見ることにする。

†ライフ・リーディングのメカニズム

先に触れたように、ケイシーがライフ・リーディングを開始したのは、アーサー・ラマースという人物からの助言を受けてのことであった。ここで重要なのは、ケイシーの伝記や研究書から判明する限り、宗教や哲学に関するラマースの知識は、明らかに神智学に基づくものであったということである。

ケイシーと面会した際にラマースは、ブラヴァツキーが論じた人間の魂のあり方や、その地上での目的について彼に語っている。そしてラマースは、神智学の霊魂観が果たして正確なものなのか、リーディングによって裏づけを取ってみようと提案し、ケイシーがそれを了承したのである。催眠状態のケイシーに対し、ラマースがいくつかの質問を向けたところ、その人格は、ケイシーの魂が現在の地球において三度の転生を経験していることを告げた上で、太陽系と霊魂のメカニズムについて次のように説明した。

あなた（＝催眠時のケイシー）の話では、太陽系は魂にとって一種の修養の場のようなもので、そこで魂は色々な経験を繰り返し学ぶようです。そして太陽系にはそれぞれの惑星に対応して、全部で八次元まであるということです。（中略）その中で地球は三次元であり、地球は全太陽系の中で実験場のような役割を持っているのです。というのも、完全な自由意志が使えるのは地球だけで、他の惑星、つまり他の次元では、魂が適切なレッスンを学ぶように、ある程度の強制力が魂の上に働くからです。魂が充分に進化していれば、そのような強制力は通常その魂自身が選ぶようです。その理由は、地球次元の肉体を脱ぎ捨て、地上で生きていた時に使っていた顕在意識が潜在意識の中に吸収されると、二つの意識を隔てていたベールが取り去られるからなのです。潜在意識というのは、魂がこれまでどんな経験をして来たかを記録している記録庫なんですね。その記録の範囲は、この太陽系だけでなく、他の太陽系、つまり他の恒星系まで含めて、魂がどのような生涯を送ったかを記録しているのです。

（『永遠のエドガー・ケイシー』三五四〜三五五頁）

ケイシーの回答によれば、太陽系は八次元から成る「魂の修養場」であり、そのなかで地球は、三次元を特徴とする惑星である。ゆえに、地球に居住する霊魂は三次元的身体＝肉体を纏うことになり、それを用いて、個としての自由意志を行使することができる。

しかし、肉体と霊体という二重性を有するために、地球上での人間の意識は、顕在意識と潜在意識に完全に分離しており、また、後者が眠り込んだ状態にある。本来、潜在意識の次元、すなわち永遠の魂の次元においては、魂がこれまでに経験した事柄がすべて記録されている。催眠時のケイシーがきわめて豊富な知恵を有し、あらゆる相談に応じることができるのは、こうした「霊的な記録庫」にアクセスしているためなのである。

相当の改変や単純化が施されているものの、ケイシーが語ったとされるこうした宇宙観が、神智学的な霊性進化論に基づくものであることは明らかだろう。実際のところ、ケイシーとラマースの交流とは、ケイシーがラマースの質問に回答したというよりも、ラマースがケイシーに対して、彼の活動の理論的背景となるものを教えたという方が、より事実に近かったのではないだろうか。催眠時のケイシーがアクセスしているとされる「霊的な記録庫」は、後に神智学の用語に倣って「アカシック・レコード」と呼ばれるようになったが、そこにもラマースからの影響が窺える。

前章で触れた神智学徒のリードビーターは、透視力によって人間のオーラの状態を判別し、さらには、その人の前世の姿を読み取ることができると称していた。ケイシーも同様に、来談者とのカウンセリングという形式において、その人物の前世に対する診断を行った。ケイシーは、彼らの抱える問題が、前世から受け継がれた「カルマ」によって生み出されていることを、克明に解き明かしたのである。

前世に由来するカルマによって、現世での課題が定められているという考え方は、方向喪失感を抱えて苦悩するアメリカ社会の人々から、多くの支持を集めることになった。女優のシャーリー・マクレーンが一九八三年に公刊した自伝的書物『アウト・オン・ア・リム』はベストセラーとなったが、そこに描かれた自己探求の物語においては、ケイシーの輪廻転生論がきわめて重要な役割を果たしている。また八八年には、精神科医ブライアン・ワイスが『前世療法』という書物を公刊した。同書では、患者に退行催眠を施して前世の記憶を回復させ、それによって精神的な障害を治癒・克服する技法について述べられている。現代版の輪廻転生論は、これらの書物を通してアメリカ社会においてポピュラリティを獲得し、その後に世界中に広まっていったのである。

†アトランティス滅亡の物語

ケイシーは生前、約一六〇〇人に対してライフ・リーディングを行い、それによって約二五〇〇件の記録が残された。そして、これらの人々のなかの約七〇〇人が、かつて「アトランティス」において人生を送っていたと告げられている。つまりケイシーによれば、伝説の大陸アトランティスは歴史的に実在し、そして現代のアメリカには、かつてのアトランティス人たちが数多く転生して来ているのである。

ケイシーは数々のリーディングを通して、約一〇〇〇万年前にまで遡る未知の人類史について語った。それは全体として、前章で見たブラヴァツキーの『シークレット・ドクトリン』に描かれた歴史観に類似しているが、アトランティス期の出来事が詳細に描写されている点、また、その際に蓄積されたカルマによって、現代の文明にも滅亡が迫っているという終末論が説かれる点に特徴がある。リーディングの断片的な言葉から再構成される人類史は、おおよそ次のようなものであった。

ケイシーによれば、地球に人類が出現したのは、今から約一〇〇〇万年前のことである。その頃の人類は、まだ肉体を有しておらず、純粋な霊体として存在していた。また、地球の地理的条件も、現在のそれとは大きく異なっていた。地球にはこれまで何度も「地軸の移動（シフト）」が起こっており、そのたびに気候が大きく変動するとともに、大陸の隆起や沈没が生じたとされる。

人類が初めて高度な文明を築いたのは、約一〇〇万年前のアトランティス大陸においてである。アトランティスは、現在のメキシコ湾から地中海に至る大西洋海域を占める、広大な大陸であった。人類は、元来は両性具有の存在であったが、その時期に肉体を纏い始めるとともに、性別の分化が生じた。

当時の地球は、獰猛な動物たちが数多く徘徊しており、人間たちは、動物からのたび重なる襲撃に悩まされた。アトランティス人は高度な科学力を有していたため、動物たちに抵抗することを目的に、科学技術を応用した兵器開発に着手した。彼らは、毒ガスと電気を組み合わせて強力な破壊兵器を製造し、動物たちを退けることに成功したのである。

しかし、動物とのあいだに干渉が発生すると、人間たちのなかには、意識の水準を動物と同調させることにより、半人半獣の姿に変身する者たちが現れ始めた。彼らは、自らの霊的な起源や本質を次第に忘却し、物質的快楽や攻撃的衝動に身を委ねてしまったのである。その者たちは「悪魔（ベリアル）の子ら」と呼ばれ、人間本来の純潔を維持した「神の掟の子ら」と対立するようになった。ケイシーによれば「悪魔の子ら」は、エジプトやアッシリアの宗教芸術において、その姿を伝えられているという。

「神の掟の子ら」と「悪魔の子ら」の争いによって、アトランティスの文明は、紀元前五万年、紀元前二万八〇〇〇年、紀元前一万年の三度にわたって破局を迎えることになる。

アトランティス文明では、太陽光のエネルギーを結集するクリスタルが動力源として用いられ、航空機や自動機械、電気通信がすでに実用化されていた。そして「悪魔の子ら」は、クリスタルを利用して強力なレーザー兵器を開発し、地上を完全に支配しようと目論んだのである。「神の掟の子ら」はそれに反対したが、「悪魔の子ら」は兵器の使用に踏み切り、そのたびに火山の噴火や大地震が誘発された。結果としてアトランティス大陸は、いくつかの島々に分断され、そして三度目の破局においては、大陸全体が水没してしまった。

アトランティスを逃れた人々は、アメリカ大陸やユーラシア大陸を始め、世界の各地に移り住み、新たな文明を築いた。中米とエジプトという離れた地に、ともにピラミッドが存在するのは、アトランティス人が高度な科学力を用いてそれらを建造したからである。また、エジプトのピラミッドの内部には、アトランティスの歴史を記録した書庫が隠されており、それは適切な時期が来れば発見されることになるだろうと、ケイシーは予言している。

†現代文明の岐路

二〇世紀においてアメリカは、世界に君臨する巨大な国家に成長し、そこでは新たな科学技術が次々に開発されているが、その理由は、かつてアトランティスで生を送った人々の魂が、アメリカに数多く転生しているからである。現代のアメリカ文明は、アトランティス文明の再現・反復という意味合いを有し、また、その際に蓄積されたカルマを持ち越している。「神の掟の子ら」と「悪魔の子ら」の闘争、すなわち、精神文明を選択して霊性の進化を遂げるか、物質文明を選択して破局を迎えるかという岐路に、現在の人類も立たされているのである。

ケイシーは、アトランティス滅亡の経緯が現代の世界にも影響を及ぼしているという観点から、二〇世紀における数々の天変地異の発生を予言した。代表的な例としては、一九三六年におけるアラバマ州の地盤沈下、六八年におけるカリブ海ビミニ島沖のアトランティス再浮上に関する予言がある。そして、二〇世紀の終わりが近づくにつれて、世界では大規模な自然災害が続発することになるという。彼はその様子を、次のように語る。

地球の物理的変化について再び述べよう。地球はアメリカ西側で分断されるだろう。日本の大部分は海中に没するはずだ。北欧は瞬きする間にも変わるだろう。アメリカ東岸沖に陸地が出現するだろう。北極と南極に大異変が起こり、それが熱帯の火山噴火を誘発し、その後に地軸が移動するだろう。その結果、今まで寒帯あるいは亜熱帯であったところが熱帯となり、苔やシダの類が生い茂るようになるだろう。これらのことは、一九五八年から一九九八年の間に始まり、この時代は雲間に再び主の光が見られる時代と宣言されよう。その時、その季節、その場所については、神の御名を呼び求めてきた者達に、神の召命の印と神から選ばれた印をその体に持つ者のみに、告げ知らされるであろう。

（『エドガー・ケイシー1998最終シナリオ』一一〇頁）

ケイシーは、『ヨハネ黙示録』の終末論から多大な影響を受けており、一九九八年にキリストが再臨すること、その際に「神から選ばれた印」を持つ者のみが救済されることを予言している。

同時に彼はそれを、神智学における根幹人種論と結びつける。すなわち彼によれば、二〇世紀末における終末と救済とは、人類が新たに「第五根幹人種」へと進化することを意味するのである。前章で見たようにブラヴァツキーは、現存のアーリア人種を第五根幹人種と位置づけているため、ケイシーの図式とは若干ずれているのだが、次なる人種への進化が起こる際に、アメリカが中心的位置を占めると予見している点で、両者の未来予測は共通している。そしてケイシーは、新たな種への進化は、遥か将来の話ではなく、今や間近に迫っていると訴えたのである。

世界の諸文明がアトランティスに起源を持つという超古代史論は、ブラヴァツキーの時代にも流行していたが、ケイシーを介して戦後にブームが再燃し、さまざまな大衆的オカルト文献のみならず、SFやアニメにおいても頻繁に取り上げられるようになった（よく知られている例では、イギリスの作家グラハム・ハンコックが一九九五年に刊行して世界的ベストセラーとなった『神々の指紋』や、庵野秀明監督のアニメ作品『ふしぎの海のナディア』等が挙げられる）。科学技術の暴走による文明の滅亡という物語は、核兵器の脅威に切迫感を覚えつつあった当時の人々にリアリティをもって受け止められ、ケイシーの終末予言は、ノストラダムスのそれを裏書きするものとして捉えられたのである――結果として彼の予言は、ほとんど何一つ当たることがなかったのだが。

2　UFOと宇宙の哲学――ジョージ・アダムスキー

†アダムスキーの経歴①——UFO以前

ジョージ・アダムスキー（一八九一〜一九六五）は、宇宙人と遭遇した「コンタクティ（接触者）」の一人として、世界中で広く知られている。彼の名前を知らないという人も、いわゆる「アダムスキー型円盤」の写真であれば、一度は目にしたことがあるのではないだろうか。

しかし、彼が単に偶然UFOに遭遇したという人物ではなく、神智学の系統に属する思想家であったということは、余り知られていない。ここではまず、ベストセラーとなった彼の著作『空飛ぶ円盤は着陸した』（邦訳は『第2惑星からの地球訪問者』所収）の内容を中心に、彼の経歴を確認することにしよう。

G・アダムスキー

アダムスキーは、一八九一年にポーランドで生まれ、二歳に満たない頃、両親とともにアメリカ・ニューヨーク州に移住した。移民として幼少期を過ごすことでアダムスキーには、時代や文化によって変化する人間が定めた法ではなく、普遍的な自然法則を探求しようとする傾向が芽生えたという。彼は一九一三年にアメリカ陸軍に入隊し、メキシコ国境の騎兵隊として軍務に就いた。一九年に軍を退いた後は、長年のあいだ国内を渡り歩き、塗装業や製粉業、ウェイターなど、さまざまな職業を転々とした。

四〇歳頃にアダムスキーは、カリフォルニア州のラグナビーチに居を定め、「宇宙哲学」に関する定期的な講演会を催すようになる。その集会は、短期間のうちに数百人規模の聴衆を集め、講演のラジオ放送も行われた。同じ時期に、望遠鏡を用いた天体観測や写真撮影も始めている。

その後、彼を中心とする団体が結成され、それは「王立チベット教団（Royal Order of Tibet）」と名づけられた。四〇年にアダムスキーは、近く太平洋で戦争が起こることを予言し、団員たちとともに、バレーセンターという集落に移住する。彼のコミューンでは、自給自足の生活が目標とされ、団員たちはもっぱら農作業に従事した。

†アダムスキーの経歴②――円盤に乗った金星人との邂逅

このようにアダムスキーは、アメリカ西海岸に存在する小規模なコミューンの指導者であったわけだが、彼の境遇を大きく変化させたのは、五三年に公刊した書物『空飛ぶ円盤は着陸した』がベストセラーになったことである。

アメリカでは、四七年に実業家のケネス・アーノルドが自家用機で飛行していた際、「水面をスキップする円盤のように」飛行する不可思議な物体を目撃するという事件が起こって以来、空飛ぶ円盤＝UFOの目撃事例が急速に増加していた（アーノルドは、物体の飛び方を「円盤のよう」と表現したのであり、その形状を円盤と称したのではなかったのだが）。五一年には、ロバート・ワイズ監督製作のUFO映画『地球の静止する日』が公開され、広く話題を呼んだ。この映画は、人類による核兵器の使用を危惧した宇宙人が、警告のために円盤で地球に飛来するという内容であり、アダムスキーにも大きな影響を与えた。その二年後に公刊されたアダムスキーの著作は、映画に描かれていたような宇宙人とのコンタクトが実際に行われたことを知らしめるものとして、人々に衝撃をもって受け止められたのである。その概要は、次の通りである。

アダムスキーは以前から、惑星は人類を向上させるための「教室」であり、地球以外の星にも、人間のような知的生命体が存在していることを確信していた。そして四六年に彼は、パロマー山

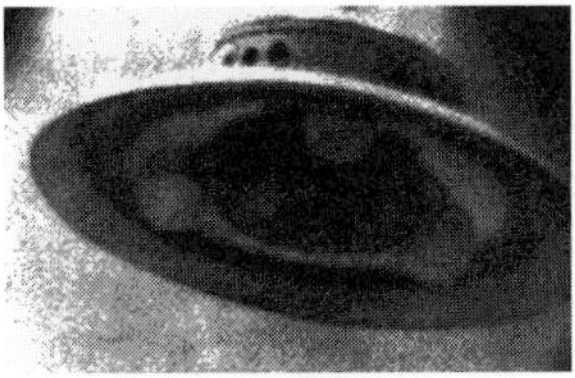

観測機の宇宙船

（『第２惑星からの地球訪問者』五頁）

金星人の肖像
(『第2惑星からの地球訪問者』一七頁)

の上空を浮遊する巨大な宇宙船を目にする。以降も宇宙船の目撃は何度も続き、彼は数年のあいだに、その姿を何枚かの写真に収めることに成功した。

アダムスキーが初めて宇宙人とコンタクトしたのは、五二年一一月、彼が六一歳のときである。六人の仲間たちと砂漠沿いの高速道路をドライブしていたとき、彼らは銀色の葉巻型宇宙船が飛行しているのを目撃した。それを見たアダムスキーは、宇宙人が自分と接触するために飛来したことを直観する。彼は仲間たちに、宇宙船に向けて車を走らせるよう指示し、行き当たった岩陰に一人で入っていった。するとそこには、金髪を蓄えた美しい人物が彼を待ち受けていた。それは「オーソン」という名の金星人であり、彼の側には、観測機である小型の円盤が待機していた。

アダムスキーとオーソンのあいだでは、言葉は通じなかったが、彼らはジェスチャーとテレパシーによって意思の疎通を図ることができた。オーソンはアダムスキーに、太陽系の他の惑星を含む多くの星々に人間が住んでいること、それらの宇宙人たちは頻繁に地球を訪れていること、人間は惑星間を転生しながら生き続けるということを伝え、さらには、地球で行われている核兵器の開発によって、人類が破滅の危機に瀕していることを警告する。それは「万物の創造主」の意思に反する行為であり、宇宙全体にも悪影響を及ぼすというのである。メッセージを伝えたオーソンは、円盤に搭乗し、母船へと帰還していった。

『空飛ぶ円盤は着陸した』の刊行後もアダムスキーは、『驚異の大母船内部』(邦訳は『第2惑星からの地球訪問者』所収)という続編や、金星・土星への探訪記等を執筆し、人々に宇宙人のメッセージを伝達し続けた。彼の団体は「GAP(Get Acquainted Program＝知らせる運動)」という組織に改編され、日本を含む世界各地にその支部が設けられた。アダムスキーはさまざまな批判を受けながらも、同会を基盤に世界中で活動を展開していたが、六五年、彼が七四歳のとき、講演旅行中に心臓発作を起こして死去した。

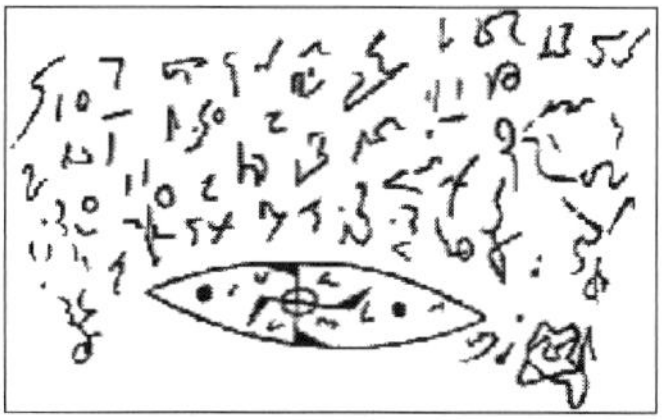

円盤から伝えられた金星文字
(『第2惑星からの地球訪問者』二一頁)

†「王立チベット教団」の教え

アダムスキーが当時の人々の関心を強く引きつけたのは、U

ＦＯが地球に飛来していることを示す数々の証拠、具体的には、葉巻型母船や円盤型観測機の映像、宇宙人の肖像画、宇宙人から伝えられた金星文字などを、彼が提示したからであった。しかしながら、アダムスキーの経歴や著作をあらためて振り返ってみると、それらはあくまで彼の活動の外面に当たるものにすぎず、その主目的はむしろ、思想的・宗教的な啓発に置かれていたことが見て取れる。

先に述べたようにアダムスキーは、アメリカにＵＦＯブームが到来する以前の一九三〇年代から、すでに「王立チベット教団」という団体を結成し、思想活動を開始していた。アダムスキーやその信奉者たちの証言によれば、彼は八歳から一二歳までチベットに留学し、ダライ・ラマから教えを受けたという経験を持ち、それが団体名の由来とされている。チベットに滞在して秘教を伝授されたというエピソードは、前章で見たブラヴァツキーの証言と類似しているが、彼女と同様、アダムスキーが実際にチベットを訪れたという証拠は何も残されていない。

当時のアダムスキーの著作として、三六年に公刊された『王立チベット教団による問答集』（邦題は『ロイヤル・オーダー』）がある。しかしその内容は、とりわけチベットの宗教に関連しているわけではなく、ＵＦＯに関する話題も登場しない。

その書物では、まず冒頭において、太陽系のみならず、無数の星々を内包する「宇宙普遍の意識」が存在することが論じられ、その法則を探究・修得することが同教団の目的であると主張される。「宇宙普遍の意識」とはすなわち神を指し、人間の霊や魂は、本来はその一部であるという。

人間は輪廻転生を繰り返し、自らの霊性を向上させることによって、神の意識に近づいてゆく。高度の霊性に到達した者は「大師（マスター）」と呼ばれ、仏陀や孔子やキリストといった聖人たちは、みな大師の一人であった。彼らの教えが共通して指し示しているのは、「宇宙普遍の意識」に関する奥義であり、われわれはそれを学び取らなければならない――。要するにこの文書に記されているのは、神智学の教義の簡略版なのである。

†スペース・ブラザーズと宇宙哲学

一九五〇年代以降にアダムスキーは、王立チベット教団の指導者から宇宙人とのコンタクティへと装いを新たにしたが、その際にもなお、宇宙法則の解明と「マスター」との交信を主目的とするという方向性は、従来の思想から変わることがなかった。

アダムスキーが『空飛ぶ円盤は着陸した』において繰り返し強調しているのは、彼は運良くUFOと遭遇したのではなく、意識を共振させることによって宇宙人を呼び寄せた、ということである。同時に、金星人のオーソンと出会ったアダムスキーは、言語ではなく「テレパシー」を使って彼と交信したとされる。

五八年に私家版として頒布された文書『超能力開発法』においてアダムスキーは、自分が有する特別な能力について解説しているが、その内容は、前章で見たリードビーターの『透視力』と共通する点が多い。宇宙におけるあらゆる事物は、究極的には「波動（ヴァイブレーション）」によって形成されているため、対象と波長を合わせることによって、自然界の事物から宇宙人や神に至るまで、さまざまな存在と交信することが可能であると説かれる。また、宇宙においてすでに起こったこと、これから起こることは、想念の波動として永遠に存在しているとされ、それはリードビーターやシュタイナー、ケイシーと同じく「アカシック・レコード」と呼ばれる。人はアカシック・レコードにアクセスすることによって、自らの前世を知り、未来を予知することができるのである。

『空飛ぶ円盤は着陸した』の続編として二年後に公刊された『驚異の大母船内部』では、アダムスキーが金星人オーソンと再会し、彼の円盤に乗って巨大な母船を訪れる物語が描かれている。母船のなかでアダムスキーは、オーソンの他、火星人のファーコンや土星人のラミューといった、さまざまな惑星の出身者たちに出会う。彼らの話によれば、太陽系の地球以外の惑星は、宇宙進出という進化段階にすでに到達している。そして宇宙人たちは、「スペース・ブラザーズ（宇宙同胞団）」と呼ばれる団体を結成し、相互の協力関係を作り上げているのである。

　スペース・ブラザーズは、偉大な進化を遂げた「指導者（マスター）」によって率いられており、アダムスキーは母船の内部で、その一人と面会することを許された。指導者は彼に、宇宙の多くの惑星には、人間と同等の知的生命体が存在していることを教える。それらの生命体は、惑星間で相互に協力し合うことにより、また、一つの惑星で生を終えた後、より高度な惑星に転生することにより、宇宙的な生命進化の道を歩んでいるのである。

　このようにアダムスキーは、母船の内部で「スペース・ブラザーズ」や「指導者（マスター）」と出会い、彼らから宇宙の真相を教示されるのだが、構造的に言えばその物語は、神智学の教説において「イニシエーション」と呼ばれてきたものに等しい。神智学によれば、霊的なメッセージを聞き取ることができるようになった修行者は、隠された聖域に招き入れられ、そこで「大聖同胞団」と「大師（マスター）」が執り行う秘儀に参入するとされる。そして、アダムスキーの語る経験は、その過程にSF的な装いを施したものと考えられるからである。

すでに述べたように、一九三〇年代以降、アダムスキーの思想的本質はほとんど変化することがなかったが、その外面を変えることによって彼は、世界中に多くの支持者を獲得した。そして、神智学に端を発する霊性進化論の思想は、その由来を明確に意識されないまま、UFOブームを介して社会に浸透していったのである。

†地球は「罪人の追放場所」

アダムスキーは、宇宙における進化の法則について論じ、他方でその観点から、現在の地球の状態について評価を下した。そしてそれは、全体としてきわめて悲観的なものであった。太陽系の他の惑星の進化状態に対して、地球のそれは著しく遅れているというのである。スペース・ブラザーズはアダムスキーに、以下のような地球史を語った。

太古において、地球が人間の生命を維持しうる段階に達したとき、一定数の移民たちが、宇宙船に乗って他の惑星から地球に到来した。しかし、それからしばらく後、地球に大変動が起こり、その環境は居住に適さないものになってしまった。多くの人々が宇宙船で別の惑星に去った一方、地球に残った住人たちもいたが、彼らは過酷な自然に晒されるうちに、次第に人間性を喪失していった。

その後も地球では、大陸の沈没や隆起を伴う自然環境の激変が続き、そこに移住しようという宇宙人は現れなかった。このように地球は、誰もが住みたがる惑星ではなかったため、ある時期から、創造主の法則に反した罪人たちを送り込むための「追放場所」として選ばれたという。

大体に人間というものは万物と調和して平和に暮らすことを好むものなのですが、あちこちで少数の人が個人的なエゴと侵略思想とをもって生長しますし、どん欲になって他人に権力をふるっています。(中略)それで大昔、多くの惑星の賢者たちの会合で、このような利己主義者を生存可能な新しい惑星へ送るようにきめました。こんな場合には、多数の太陽系中の最低段階の惑星がこうした罪人の追放場所として選ばれたのです。そこで、いま述べたような理由から、この太陽系の内外の多くの惑星から来たこの始末におえぬ者たちの新しい住家として、太陽系内の地球が選ばれました。この罪人たちは、地球のいわゆる〝厄介者〟でした。私たちは彼らを殺すことも監禁することもできませんでした。というのは宇宙の法則に反するからです。しかし彼ら追放者はすべて同じ傲慢な性質の者ばかりでしたから、だれも他人に譲歩しないと思われるので、結局は自分自身の調和を完成せざるを得なくなるでしょう。この人々が地球の元の〝一二の種族〟の真の源泉です。(『第2惑星からの地球訪問者』二七六頁)

スペース・ブラザーズの説明によれば、「万物との調和」という創造主の法則を理解しない者たちが、太陽系における最低の惑星である地球に送り込まれた。彼らはそこで互いのエゴをぶつけ合い、その結果として、調和の必要性を学ぶことになる。すなわち地球とは、厄介な利己主義者たちが集められた更生施設なのである。そして、宇宙から地球に追放されたこうした「罪人」たちこそが、聖書において「堕落天使」(=悪魔)と呼ばれている存在の正体であるという。

彼らは強い支配欲を持っていたため、自分こそは誰よりも進歩した惑星から来たのだと称して各種族の先頭に立ち、自身を頂点とする国家を作り上げた。それらの国々は覇権を求めて争い合ったため、地球は戦乱の絶えない惑星となってしまったのである。

その状況を憂慮したスペース・ブラザーズは、長い歴史のなかで幾度も「救世主」となりうる人物を地球に送り込み、創造主の意思を伝えてきた。しかし彼らの多くは、逆に人間たちによって殺害されてしまった。

地球の状況は改善せず、人類は今や、精神性を伴わないまま徒に科学技術を発展させることによって、自身の力で自身を滅亡させうる段階に至っている。核兵器が開発されて以降、地球で数多くのＵＦＯが目撃されるようになったのは、核戦争による人類の滅亡という事態を何としてでも防がなくてはならないと、スペース・ブラザーズたちが考えているからなのである。

†サイレンスグループの暗躍

このようにアダムスキーの世界観は、この種の思想における多くの例に漏れず、「神」と「悪魔」の対立という二元論、さらには、そこから導き出される終末論へと傾斜してゆく。アダムスキーは、人々に創造主の意思を伝え、人類の滅亡を回避することを目的とした活動を続けたが、彼の知名度が高まるにつれて、その主張に対する批判も数多く寄せられるようになった。そしてその結果、アダムスキーの思考においては、悪魔的勢力の実在性やその働きが、徐々に具体的に感知されるようになっていったのである。

一九五〇年代の後半以降、ＵＦＯが実在する証拠としてアダムスキーが提示した映像や金星文字に対しては、偽造や剽窃の嫌疑が掛けられ始めた。また、月の裏側に都市が存在する、太陽の表面は高温ではないといった数々の彼の主張は、天文学の発達や宇宙開発の進展に伴って明確に否定されることになった。こうした状況を受け、アダムスキー批判の立場を取るジャーナリストが何人も登場し、また彼の信奉者のなかからも、離反する者が現れ始めた。

これに対してアダムスキーは、自分を批判する動きは、「サイレンスグループ」という名称の陰謀勢力によって引き起こされていると主張した。アダムスキーによれば彼らは、科学者やジャーナリストの言動を操作して宇宙に関する事実を歪曲する、偽のコンタクティやオカルティストを押し立てて宇宙人の存在そのものの信憑性を毀損させる、アダムスキーの信奉者を買収して彼の団体に内部分裂をもたらす、といった手段を行使することにより、スペース・ブラザーズから地球人に向けられたメッセージを圧殺することを目論んでいるのである。アダムスキーは、「サイレンスグループの正体」と題された文章において、次のように述べる。

人々の目が上空に向けられ、友好的な宇宙の訪問者を求めて空を探索し、心は地球の平和と幸福に対する憧れで満たされるならば、同胞に対する憎悪で心を満たすことはむつかしくなる。(中略) これこそ資本家が恐れていることではないか。つまり資本家は地球人類のあいだに平和と理解をもたらすかもしれないような出来事を恐れているのであり、一方、戦争ともなれば投資の対象となり、ある種の投資家は充分儲かるのである。(中略) 地球人にとって友好的で、しかも互いに平和に生きることを知っているこの大気圏外からの訪問者に関する知識は、希望を失った多数の人に新しい希望を与えるとともに、無数の人に新しい生活目的を与えている。世界の財布のヒモをにぎっている人が恐れているのは、これなのだ。別な惑星から人間が来る事実を認めるならば、現代の地球の経済システムに甚大な影響を与えることになる。万人がはるかに大きな影響を受けるだろう。サイレンスグループはこのことを知っており、あらゆる手段を用いてこれと闘っているのであり、同時に、表面から巧みに姿を隠しているのだと思う。

(『UFO・人間・宇宙』二〇三〜二〇四頁)

アダムスキーが展開する「サイレンスグループ」陰謀論は、三種類の要素を融合させることによって成り立っていると考えられる。その一つは、『シオン賢者の議定書』に見られるような、国際的な金融勢力にまつわる陰謀論であり、二つ目は、神智学における「闇の同胞団」という観念に見られる、悪魔的存在に関する陰謀論である。そして三つ目は、UFOブームとの関連で語られるようになった「メン・イン・ブラック」という組織に関する陰謀論である（現在では、バリー・ソネンフェルド監督による同名のコメディ映画によって広く知られている）。

戦後のアメリカ社会において、UFOに関する情報は急速に氾濫していったが、いくら時間が経過しても、肝心のUFO自体は決して明確な仕方では出現せず、その存在が公に認知されることもなかった。そうした状況を説明するために考案されたのが、メン・イン・ブラックという組織である。その説によれば、UFOはすでに地球に飛来しており、一部の人間は宇宙人と密接に交流しているのだが、その事実はある秘密組織によって巧妙に隠蔽されているというのである。

アメリカの都市伝説においては、二～三人組の黒服の男たちがUFOの目撃者の前に突然現れ、それを公言しないように脅迫するという説話のスタイルが定着した。アダムスキーも先述の「サイレンスグループの正体」という文章において、あるとき三人組の男たちから脅迫を受け、UFOに関する重要書類を押収されたという経験を告白している。

一九五〇年代のアダムスキーは、UFOやスペース・ブラザーズについて楽観的に語っていたが、六〇年代に入るとその論調は徐々に悲観的なものとなり、自分の真意が正しく理解されないことに対する苛立ちをしばしば露わにするようになった。また、サイレンスグループの活動に対する非難や警告を口にする機会が増えていった。

その頃アダムスキーは、太陽系全体が今や大規模な転換期に突入していると論じ、地球においても、社会的・物理的激変が続発することになるだろうと予言した。また、その影響から、世の中には誤った未来予測が氾濫し、それによって人類は、自ら「大破滅（カタストロフィー）」を引き寄せる可能性さえあるというのである。晩年のアダムスキーは、「賢明な人は変化のあらゆる動きを観察しますが、愚かな人は荒れ狂って自分を滅ぼすでしょう」（『UFO・人間・宇宙』二一五頁）という警告を、強迫的な口調で繰り返し唱えたのだった。

3 マヤ暦が示す二〇一二年の終末――ホゼ・アグエイアス

†アグエイアスの経歴①――古代文明への憧憬

私が本書の原稿を書いているのは、二〇一三年三月のことである。今から数カ月前、二〇一二年一二月二一日は、古代マヤの暦がその日で途切れていることから、世界の歴史が終わり、人類が滅亡してしまうのではないかという話題が盛んに報じられた。いわゆる「二〇一二年終末論」である。

幸いにもその日は、それほど大きな事件が起こることもなく、ごく平和裡に過ぎていった。そもそもマヤの暦は循環暦であり、一つの暦の周期が終わったとしても、それは新しい次の周期が始まるということを意味するにすぎないのだが、その日を境に人類に大きな転機が訪れるという説は、さまざまなヴァリエーションを加えられながら、世界中に広まっていたのである。

マヤ暦に深い意味を求めた思想家やオカルティストは数多く存在したが、そのなかでもっとも大きな影響力を持っていたのは、ホゼ・アグエイアス（一九三九～二〇一一）という人物だろう。そしてアグエイアスの思想の背景にも、神智学に由来する霊性進化論が存在していた。本節では、彼の経歴と思想について概観することにしよう。

アグエイアスは一九三九年、メキシコ人の父親とドイツ系アメリカ人の母親のあいだに生まれた（本名はジョセフ・アンソニー・アグエイアス）。彼は、双子の弟とともにアメリカで出生し、家族はその後も同国で生活した。幼少期は、メキシコ系移民として学校でしばしば差別を受けたこと、父親の職業が安定しなかったこと、母親が結核に罹患したことなどの不運に見舞われたが、彼ら兄弟のＩＱは高く、学業の成績も優秀であり、家庭では芸術と音楽に囲まれる生活を送った。

　アグエイアスが一四歳のとき、父親は子供たちを自身の生地メキシコに連れて行き、その際に彼らは、メキシコシティ近郊のテオティワカンを訪れた。テオティワカンは、紀元前二世紀から六世紀頃まで存在した文化の遺跡であり、農耕神ケツァルコアトルの神殿や、太陽と月のピラミッドがあることで知られている。アグエイアスの伝記によれば、太陽のピラミッドの頂上に立って遺跡全体を見渡したとき、彼はその都市が生きて活動していた姿をまざまざと幻視し、次のような霊感に打たれたという。

アグエイアスの伝記
『2012年への進化』

　これほどの完成度と幾何学的配置でできたこの都市を設計し、建設した偉大なマスターたちは、どこにいるのだろうか？　ジョー（＝アグエイアス）がまわりをじっと見つめていると、この疑問が彼の存在の中に染みこんできました。（中略）

ジョーの中に残っていたのは、テオティワカンを設計し、つくったマスターたちの知識を見いだし、この現代世界に取り戻し、そうすることによって、多分、いやおそらく、すべてのものを再び宇宙と調和させることができるかもしれないという、感覚であり、予感であり、渇望であり、決意であり、またビジョン、そして誓いでもありました。

（『２０１２年への進化』四一〜四二頁）

青年になったアグエイアスは、美術史専攻の学生として生活する傍ら、当時のアメリカで流行していたさまざまな思想に接触した。ロシアの神秘思想家ピョートル・ウスペンスキーの著作『ターシャム・オルガヌム』に示された多次元的宇宙論に感銘を受け、また、オルダス・ハクスリーやティモシー・リアリーの影響から、しばしば幻覚剤ＬＳＤの摂取を試みた。その体験は彼にとって、新プラトン主義の哲学者プロティノスが叙述した「神との合一」を思わせるものであったという。

アグエイアスは一九六九年に博士号を取得し、プリンストン大学やカリフォルニア大学で美術史を教えたが、実質的には彼は、アカデミックな研究者と言うより、対抗文化やサイケデリック文化に属する活動家であった。アグエイアスは通常の大学教育に飽き足りず、七〇年に大学内で「ホール・アース・フェスティバル」という意識変革を目指したイベントを開催した。イベント自体は盛況に終わったが、伝統的な教育を破壊すると大学から判断され、彼はその職を追われることになった。

†アグエイアスの経歴②――思想遍歴の時代

その後にアグエイアスは、八〇年代後半には、マヤ暦に依拠する思想家としてのスタイルを確立することになるのだが、それに至るまでのあいだの思想遍歴において、彼に多大な影響を与えたと思われる三人の人物がいる。まずその一人は、著名な神智学徒アリス・ベイリーの弟子に当たる、デーン・ルディアという人物である。

ベイリーは、神智学の周期的歴史観と占星学を融合させ、近い将来「魚座（パイシス）」の時代から「水瓶座（アクエリアス）」の時代への転換が起こると主張して、アメリカにおけるニューエイジ思想の源流を形成した。そしてルディアは、ベイリーから神智学と秘教占星学を学び、そこにユング心理学の知見を取り入れて「トランスパーソナル占星学」を創始している。

同時にルディアは、若い頃からニーチェの超人思想に心酔しており、新しい文明の基盤となる「シード・グループ（種となる集団）」を創出しなければならないという主張を展開していた。アグエイアスが後にマヤ暦に仮託して展開する歴史の周期説や、大規模なパラダイムシフトの概念は、直接的にはベイリーやルディアの体系から継承されたものと見ることができる。

第二の人物は、チベット出身の僧侶、チョギャム・トゥルンパである。トゥルンパは幼少期に、チベット仏教カギュ派から「活仏（かつぶつ）」としての認定を受けたが、中国によるチベット侵攻を逃れて一九五九年にインドに亡命、イギリスでの留学生活を経て、アメリカで「金剛界センター」という瞑想場を開設していた。

アグエイアスは、LSDの服用によって神秘的現象を体験して以来、チベット密教の瞑想や、『チベットの死者の書』に描かれた死生観に強い憧れを抱いていたため、トゥルンパを師（グル）として仰ぎ、彼の指導の下で修行を実践した。後に見るように、アグエイアスの思想においては、マヤ文明の歴史観とチベット仏教の身体観が分かちがたく融合している。チャクラの覚醒による超能力の獲得や、聖人たちが集う理想郷シャンバラというチベット的観念は、不可欠の要素として彼の思想体系に残り続けたのである。

三人目として、アメリカのサイケデリック文化の中心人物の一人である、テレンス・マッケナを挙げることができる。アグエイアスと同様、マッケナもまたオルダス・ハクスリーの著作『知覚の扉』（一九五四年）から大きな影響を受け、神秘体験を求めて、ＬＳＤの他にマジックマッシュルームやアヤワスカといった幻覚植物の摂取を試みていた。同時に彼は、中国の『易経』に関する研究も行っており、独自の計算方法から、二〇一二年一二月二二日に地球に大異変が起こるという説を提唱した。アグエイアスもまた、マヤ暦の研究によって似通った結論に達したため、それらを根拠として彼は、諸文化の叡知のなかには、宇宙の法則を客観的に指し示すものが隠されていると確信するようになったのである。

†アグエイアスの経歴③——パカル・ヴォタンとの交信

このようにアグエイアスは、アメリカにおけるニューエイジ系の諸思想を通じて、世界のさまざまな宗教に関する知見を広げていったが、最終的に彼が重視したのは、マヤ文明の伝統であった。その理由は何より、彼自身がメキシコ人の血を引いているからであった。しかしさらに重要なのは、彼がある時期から、パレンケの王であった「パカル王」との特別な関係を自覚し始めたことである。

パレンケは、メキシコ南東部にあるマヤ文明の古代都市であり、パカルは七世紀に王としてその地に君臨していたと考えられている。一九五二年、パレンケにある「碑銘の神

パカル王の石棺の彫刻

（『マヤン・ファクター』五六頁）

殿」というピラミッド状の建築物からパカル王の墓が発掘され、石棺に描かれた彫刻が宇宙飛行士の姿のように見えたことから、広く話題を呼んだ。

アグエイアスは、七二年にある人物からパカル王に関する話を聞いたとき、過去の記憶を呼び覚まされるような不思議な感覚を抱いたという。やがて彼は、パカル王を「パカル・ヴォタン」と称し、「銀河のマスター」の一人と見なすようになる（ヴォタンとは神話的人物を表す呼称であり、マヤの研究者は一般に、歴史的人物であるパカルをそのように呼ぶことを認めていない）。

八七年にアグエイアスは、マヤの宇宙的叡知を結集した書物として、自身の主著となる『マヤン・ファクター』を公刊し、二〇一二年に人類の転機が訪れることを明確に宣言した。同年八月には、宇宙との調和を回復することを目的に、「ハーモニック・コンバージェンス」という名称の祭典を主催している。

その二カ月後にアグエイアスは、息子を交通事故で失うという悲劇に見舞われた。彼は当初、きわめて深い悲しみに襲われたが、徐々にその死の意味を、高次元のリアリティとの接触を可能にする回路を開くためのものであったと解するようになる。間もなく彼は、瞑想状態において息子の霊と交信するようになり、さらには、パカル・ヴォタンからのテレパシーを受信して、その声を直接聞くことができるようになった。

九三年にアグエイアスは、パカル・ヴォタンから、自分の代理として「預言者」の役割を務めるよう促すメッセージを受け取る。それ以降彼は、パカルの言葉を人々に伝達するとともに、現在世界的に用いられているグレゴリオ暦を、マヤの叡知に基づく一三の月から成る暦に変更することを目指した運動を開始する。そのための機関として二〇〇〇年に「時間の法則財団（Foundation for the Law of Time）」を創設した。アグエイアスは、二〇一二年を人類にとって肯定的な転機にすることを目標として精力的に活動していたが、その前年の五月、自身の運動の帰結を見届けることなく、七二歳でこの世を去った。

†銀河的マヤの探求

アグエイアスは、マヤ文明が残した暦を独自の方法で読み解くことにより、二〇一二年を境に、人類に大きな変化が訪れると考えた。その思想は、具体的にはどのようなものだったのだろうか。次に、彼の主著である『マヤン・ファクター』の内容を見てみよう。

この書物では、まず冒頭において、マヤ文明の本来的な意義が、地域的・歴史的に限定されたものではないことが主張される。「マヤ」という言葉や概念は、インド哲学やギリシャ神話など、世界中の多様な文化のなかに存在する。また、マヤの科学体系が表す法則は、中国の『易経』やギリシャのピタゴラス派の哲学と多くの共通性を持つのみならず、現代の量子力学や遺伝学の知見とも一致するのである。

宇宙は究極的に、一定周期の「調波（ハーモニック）」から成り立っており、マヤの科学が明らかにしているのは、それに関する普遍的法則である。ゆえにわれわれは、マヤを過去の歴史的遺物と見るのではなく、その霊的・宇宙的意義を再発見しなければならない。アグエイアスは次のように論じる。

> 無秩序に満ちあふれた私たちの現代社会の新たな選択肢として、マヤとその科学の基礎を理解するために、私たちは、このような文明をさらに深く描写し、突き詰めていかなければならない。たとえば、調波共振の原理に基づいてつくられた文明とは、どんな

目標、目的をもっているのだろうか？　それは地球というシステムを、より広大な銀河共同体の進化を遂げた一員として、太陽と共振するように位置付けること以外に何か考えられるだろうか？　これは現代文明が目指すゴールとどのように比較されるのだろう？（中略）まさに調波共振の原理に基づいているために、マヤのような文明は、「銀河情報に通じ、銀河的に満たされている」ということができる。つまり、調波共振の原理により、個人という存在から集合意識、あるいは惑星意識まで、そして太陽を通じた惑星意識から、銀河の核までを、いったりきたりする双方向の情報の波があるのだ。

（『マヤン・ファクター』八七頁）

アグエイアスの考えによれば、マヤ文明の真の創造者は、「銀河のマスター」たちである。彼らは地球における生命体の進化を促すため、銀河から地球に向けて、一定の調波のビームを放射している。それによって作り出される一つの周期は約五一二五年であり、紀元前三〇〇〇年頃に世界各地で文明の萌芽が見られるようになったのは、その頃からビームの放射が開始されたからである。

そしてマスターたちは、地球上に進化の種を植えつけること、調波ビームの状態を整えること、地球人に宇宙の法則を教えることを目的に、しばしば自ら地球を来訪した。七世紀に現れたパカル・ヴォタンは、そうした銀河のマスターの一人である。その石棺に描かれた彫刻を「宇宙飛行士」と捉える説に、アグエイアスは必ずしも賛同していないが、少なくとも彼は、パカル・ヴォタンが宇宙的存在であることを認めている。彼によればあの彫刻は、パカルが腹部にある「太陽神経叢」のチャクラを共振させ、宇宙と交信する姿を描いているのである。

†五一二五年周期と一三のバクトゥン

約五一二五年から成る一つの大周期は、約三九四年から成る「バクトゥン」と呼ばれる単位によって、一三の時代に分割される。アグエイアスは、各バクトゥンにおいて生じた歴史的事件や文化的特色を取り上げ、そこに隠された法則性を明らかにしてゆくのだが、その詳細については省略しよう。ここで注目しておきたいのは、最後の一三番目のバクトゥン、すなわち、一六一八年から二〇一二年までの時代に対して、アグエイアスがどのような位置づけを与えたのかということである。

彼はその時代を「物質の変容のバクトゥン」と呼ぶ。それは、科学技術の発達とグローバルな産業化によって、物質主義が頂点に達すると同時に、現在とは異なる次元の文明に向かう準備が行われる時代である。すなわち、この段階において人類は、物質主義の力に溺れて破局へ至る道と、物欲や物質科学を超越した新たな文明に入る道の分岐点に立っている。

0	星の植え付けのバクトゥン(B.C.3113から)
1	ピラミッドのバクトゥン
2	車輪のバクトゥン
3	聖なる山のバクトゥン
4	殷王朝のバクトゥン
5	帝国の紋章のバクトゥン
6	心の教えのバクトゥン
7	聖別された者(キリスト)のバクトゥン
8	赤と黒の主たちのバクトゥン
9	マヤのバクトゥン
10	聖戦のバクトゥン
11	隠された種のバクトゥン
12	物質の変容のバクトゥン(A.D.2012まで)

五一二五年の大周期と一三のバクトゥン

アグエイアスは、人類の岐路を表す具体例の一つとして、二〇世紀における核兵器の開発と、それに伴うＵＦＯの出現を挙げている。一九四五年七月に行われた最初の核実験を成功させることによって、物質主義者はこれまでにない大きな力を手にした。そして、それに対する銀河の反応として、ＵＦＯとスペース・ブラザーズが地球に現れるようになった。ＵＦＯの地球来訪は、核開発によって乱れてしまった地球の調波を整えることをその目的としている。アグエイアスは、ＵＦＯという言葉の正確な意味は、「未確認飛行物体

（Unidentified Flying Object）」ではなく「統一場の組織者（Unified Field Organizers）」と解するべきであると主張する。

またアグエイアスによれば、二〇一二年は、単に約五一二五年の周期の終わりというだけではなく、それを包含する約二万六〇〇〇年におよぶ大周期の終わりをも意味している。そのとき人類は、「ホモ・サピエンス」の段階を乗り越え、新たな生物種に進化する。人間の精神のなかには、「アハウ・キネス（太陽の主たち）」と呼ばれる高次元の心的要素が秘められており、その能力が徐々に開花することになるのである。アグエイアスは、人間に内在する精神性の光と物質性の闇について、次のように対比的に論じている。

テクノロジー的な創意工夫に対して致命的なまでに熱狂している私たちは、光の力に背を向け、宇宙の共同創造者としてのみずからの可能性を現実に無視している。私たちが、このことを理解しないかぎりは、そんなみずからの態度が招いた結果から逃れることはできないだろう。なぜなら、現に私たちはちゃちな小細工ばかりに関心が向かい、みずからの内に秘められた回路構成、すなわち太陽の主たちであるアハウ・キネスを通って、太陽に直接つながっている生命電磁気的な電気回路の中にひそんでいる力をなかなか引き受けようとはしないからである。だからこそ、私たちは物質主義の落とし穴で苦役を強いられているのだ。第5次元の守護者たちからも切り離され、「魂」と呼ばれる4次元の光体に対してさえも盲目となり、唯一、3次元の物理的な覆い（＝肉体）とだけ一体化してしまった物質的な人類は、みずからがつくり出した暗闇の中で影のような進路を辿っている。

（『マヤン・ファクター』二八九頁）

†二〇一二年の終末

人類が高次元の文明への上昇の道を選んだ場合、二〇一二年までには何が起こるのだろうか。『マヤン・ファクター』によれば、そのとき人類は、太陽を中心とする精神的水準の存在へと、急速に変異することになる。

まず家族においては、後期産業時代に形成された核家族という脆弱な形態が解体され、より大規模な家族形態に再編される。各地域のコミュニティの中心には、瞑想やエネルギー再生を行うための「太陽の神殿」が建設される。政治や経済の活動は「太陽・惑星問題協議会」という組織が一元的に担い、古い軍事組織の廃止、生産と分配の平等化が図られる。

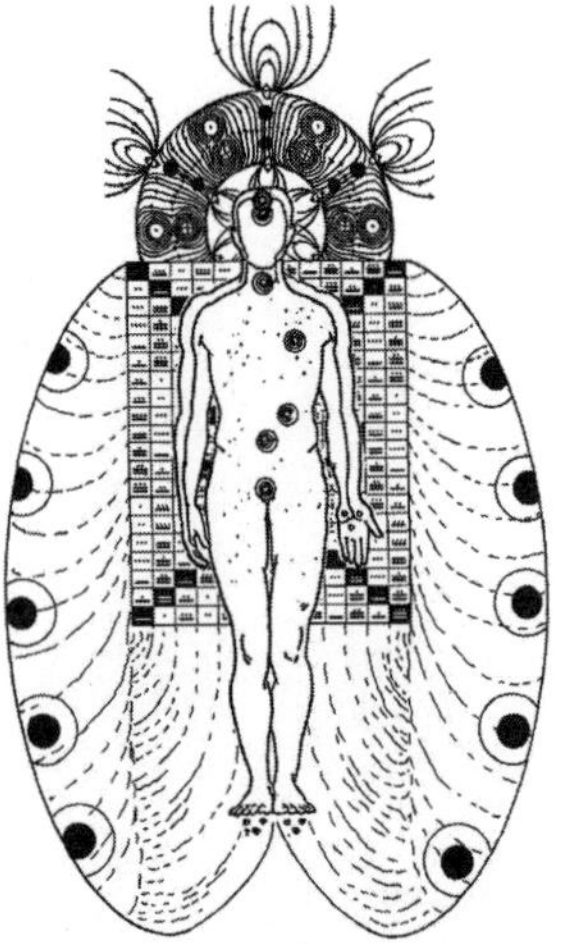

チャクラとマヤの調波の共振

(『マヤン・ファクター』三〇〇頁)

また、芸術や音楽を重視した教育が施されることによって、これまで個々人の内に潜在していた能力が飛躍的に向上・開花する。現在、サイキックやチャネリングと呼ばれている力は、誰もが身に付けるものとなり、異次元の存在との交信が可能となる。それぞれの人間の身体においては、「太陽神経叢」を始めとする七つのチャクラが覚醒し、マヤ暦に示された神聖な調波と共鳴を起こすようになるのである。

アグエイアスは、人類が高度の精神的次元に上昇することを、マヤの伝承に倣って「ケツァルコアトルの回帰」と呼び、そうして誕生する新たな生物種によって形成される王国を、チベットの伝承に倣って「シャンバラ」と称した。

それでは逆に、人類が高次元への上昇に失敗し、物質性の領域に拘泥する道を選んだ場合には、何が起こるのだろうか。アグエイアスは『ヨハネ黙示録』に依拠しながらそれを論じている。彼によれば、黙示録に記された「ハルマゲドン」とは、二〇世紀における核兵器の実用化から生じた不協和な振動波が急速に増幅し、大惨事が引き起こされることを意味している。不協和な振動波がこのまま拡大を続けた場合、地球そのものが粉々に砕け散ることさえ起こりうるのである。

†「ハーモニック・コンバージェンス」の儀式

『ヨハネ黙示録』には、神と悪魔の争いによって現在の世界が滅びた後、新しい天地が開け、額に印を押された一四万四〇〇〇人がそこに入ると記されているが、アグエイアスはその記述に対して、「新しい天地」とは、二〇一二年以後に到来するであろう高次元の世界を、「額に印を押される」とは、銀河によって刻印された調波に意識を同調させることを意味すると解釈する。そして彼の計算によれば、一九八七年八月一六日と一七日のあいだに、一四万四〇〇〇人が「目覚めた太陽の踊り子」としてマヤの預言に耳を傾ければ、地球は一九九二年以降、二〇一二年の進化に向けたサイクルに入ることができるのである。『マヤン・ファクター』が公刊された八七年四月以降、アグエイアスは上記の目的を達成するため、「ハーモニック・コンバージェンス（調波収束）」という名称のイベントを企画し、その告知に努めた。それは、CNNやウォール・ストリート・ジャーナル、ロサンゼルス・タイムズといった主要メディアによって、話題として取り上げられた。その際のインタビューにおいてアグエイアスは、「〝ニューエイジ〟か、全面的な破壊のどちらかを選ぶのは、私たちなのだ」(『2012年への進化』一七六頁)というメッセージを発している。

イベントには、シャーリー・マクレーンやティモシー・リアリー、ジョン・デンバーといった著名人たちも参加し、大きな注目が集められた。当日は多くの人々が、エジプトのピラミッド、ストーンヘンジ、シャスタ山、デルフォイ神殿、富士山、ガンジス川といった世界中の聖地に集い、太陽への挨拶を中心とする祈りと瞑想の儀式を執り行った。結果としてその参加者は、一四万四〇〇〇人を大きく超え、イベントは成功裡に終わったのである。

†偽りの時間による奴隷化

「ハーモニック・コンバージェンス」を成功させた後、アグエイアスは一時的に、この上ない幸福感に包まれたが、それも長くは続かなかった。その大きな理由は、すでに述べたように、二カ月後に息子を不幸な事故によって失ったからだが、また他方、そのイベントによって社会の動向が変わったようにも思えなかったからである。人々の意識の根本的な変革は、一体何によって妨げられているのだろうか。

アグエイアスはその答えを、時間のなかに求める。具体的には、現在の世界が、グレゴリオ暦という反自然的な時間の秩序に即して動いていることが、あらゆる歪みと過ちを生みだしているのである。アグエイアスは、一三や二〇という数を基礎的な単位としたマヤ暦こそが、自然と調和した時間の体系であり、それに対して、一二や六〇を基礎的な単位とするグレゴリオ暦は、人工的で恣意的な時間の体系であると見なす。

彼によれば、一三の月の力を消し去ることになった「誤った暦」は、最初に古代バビロニアの神官によって作り上げられた。そしてローマ帝国がそれを継承し、教皇グレゴリウス一三世によって一五八二年に修正を施され、その後にヨーロッパ列強の帝国主義政策を介して、世界全体に広まっていったのである。

その特徴は、「時は金なり」という言葉に集約される。グレゴリオ暦に従って生きる人間は、時間を浪費してはならないという焦燥感と不安感に常に苛まれ、その意識は密かに奴隷化される。その暦は人々に、金銭・財産・人口を増殖させ続けることを命じるが、人類はその行為によって真の豊かさを手にするのではなく、逆に破局へと追い込まれてしまうのである。

アグエイアスは、マヤ暦の時間観念を「時は芸術なり」という言葉によって表現し、グレゴリオ暦に対置させる。彼は一九九四年に「一三の月の暦に替える平和の運動」を立ち上げ、各国の首脳やローマ教皇に対して、直ちに暦を変更するよう働きかけた。

また、同じ頃にアグエイアスは、パカル・ヴォタンのメッセンジャーとしての立場を自覚し始め、『テレクトノン（地球霊の通話管）』と題された数々の預言を発表していった。『マヤン・ファクター』の末尾に付された「1996年版・追記」においてアグエイアスは、現在の世界は「G7（先進七カ国蔵相会議）」によって支配されていると訴え、それに対する次のような預言を提示している。


テレクトノンの預言によれば、G7は実際に「7つの頭を持つ獣」で、その獣は「選ばれた者」の14万4000人を除いたすべての人にそのしるしを付ける。この7つの頭を持つ獣の描写は、「黙示録」の第13章にある。（中略）機械時計と不自然な暦というバビロニア時間に完全に捕われてしまった13番目のバクトゥンは、12：60の文明をつくり出し、G7は「バビロンへ爆弾」を落とす指導権を握るにいたって最高潮に達し、「獣」

はテレビを通して人々の心に入り込み、クレジット・カードで人々にしるしを残した。しかし、ひとたび獣の正体がわかれば、それを殺すことができる。聖なる時間に回帰する気高い勝利の行進はすでにはじまっている。G7は、その邪悪な支配が終わったことを通告される。新しい時間の秩序が到来し、新たな人類の盟約がもたらされ、それにより、ついに人類は調和的に収束することができるのだ。

（『マヤン・ファクター』三六七頁）

アグエイアスの考えによればG7は、一九七四年にジョージ・ブッシュが考案した「新世界秩序（New World Order）」構想に基づいて作られた組織であり、現在の物質主義的権力の中枢を担っている。おそらくは、当時公刊されていたさまざまな陰謀論の書物から影響を受けたのであろうが、アグエイアスは、G7が金融政策や電子メディアを操作することによって、今や社会を隅々まで支配していると考える。その正体は『ヨハネ黙示録』に記された「7つの頭を持つ獣」であり、彼らの活動によって、世界は荒廃と破局に向かっているのである。それに対抗するためにわれわれは、銀河のマスターであるパカル・ヴォタンのメッセージを受け入れ、獣による支配を打ち砕き、新たな種に進化していかなければばならない――。古（いにしえ）のマヤの叡知への憧憬から発したアグエイアスの歩みは、こうしてまた、二元論と陰謀論と終末論のアマルガムという、この分野に通例の思考形式に帰着していったのである。

4 爬虫類人陰謀論――デーヴィッド・アイク

†アイクの経歴①――サッカー選手から緑の党へ

本章における最後の登場人物として、現在も存命しているイギリスのニューエイジ系思想家、デーヴィッド・アイク（一九五二～）を取り上げることにしよう。

これまでいくつかの例を見てきたように、この世は不可視の存在によって支配されているとするオカルティズムの発想は、楽観的な姿勢としては、人類は卓越したマスターたちに導かれることによって精神的向上を果たすことができるという進歩主義を生み出し、悲観的な姿勢としては、人類は悪しき勢力によって密かに利用・搾取されているという陰謀論を生み出す。そして、現在の世界が「爬虫類人」という奇怪な存在によって支配されていると訴えるアイクの思想は、オカルト的陰謀論を極端な方向に徹底させたものと見ることができるだろう。果たして彼はどのような経緯で、そうした着想に行き当たったのだろうか。現在までのアイクの経歴は、次の通りである（アイクの経歴に関しては、主にウィキペディア英語版"David Icke"の項目を参照した）。

アイクは一九五二年、イギリスのレスターに生まれた。幼少期の彼は、貧しい家庭に育ち、内気な性格であったという。九歳からサッカーを始め、青年期はプロのサッカーチームでゴールキーパーとして活躍したが、リウマチ関節炎を患ったため、二一歳で選手から引退せざるをえなかった。

精神の絶対自由を表すため、自著の表紙に全裸で登場したアイク

その後はBBCでスポーツキャスターを務め、世間から広く知られる存在となる。しかしアイクは、テレビというメディアの軽薄さと欺瞞性に対して次第に嫌悪を覚えるようになり、九〇年には税金問題をめぐって放送局と対立、それを切っ掛けとして同局を辞職している。

また、八〇年代にアイクは、持病であったリウマチを治療するため、いくつかの代替医療を試み、それらを通じてニューエイジの諸思想に関心を抱くようになった。やがて彼は、自然との調和や環境保護の精神に目覚め、八九年にイギリスの「緑の党」に入党する。彼は優れた論客としてたちまち頭角を現し、党のスポークスマンに就任した。一部の新聞は彼を「緑のトニー・ブレア」と称した。

†アイクの経歴②――ニューエイジと陰謀論

エコロジーの活動家・政治家への転身を果たしたアイクであったが、彼の情緒は次第に不安定なものとなり、しばしば霊の声を聞き取るようになる。九〇年にはその声に促され、著名な霊能者のベティ・シャインと面会した。彼女はアイクに、彼の存命中に大きな精神的革命が起こること、その際には、彼が世界を癒すためのメッセンジャーとしての役割を果たすことを予言する。

九一年にアイクは、ペルーのシルスタニ遺跡を訪れた。古代に作られた高台に上ったとき、彼は体内に強力なエネルギーがほとばしるのを感じ、約一時間その場に立ち尽くした。後に彼はそれを、「クンダリニーの覚醒」であったと解するようになる。

同年四月、アイクはBBCのインタビュー番組に出演する。彼はその番組において、「神の子」を自称するとともに、イギリスが間もなく津波と地震によって崩壊することを予言したため、視聴者からの激しい非難と嘲笑が巻き起こされた。アイクは番組の反響によって、一時的に外を歩くことさえできなくなったが、その際に彼は、いかなる反対にも屈せず、真実を述べなければならないと決意したという。

アイクは九四年、『ロボットの反乱——霊的再生の物語』という書物を公刊する。その内容は、「新世界秩序」の創設を目指す「ブラザーフッド」と呼ばれる秘密結社が存在し、彼らは金融制度とメディアの力を駆使して人々をマインド・コントロールしているというものであった。言わばそれは、ありふれた現代的な陰謀論の書物の一つであったが、彼が所属していた緑の党は、そのなかで『シオン賢者の議定書』に対する肯定的な言及が行われている点を問題視した。前章で見たように、それはかつて、ナチスによるユダヤ人虐殺の引き金となった書物であったからである。

アイクは、自身の『議定書』解釈は反ユダヤ的ではないこと、むしろ自分は、人種や性に関するあらゆる差別に反対していることを主張した。しかし緑の党はこれを聞き入れず、彼に対して党からの除名処分を下した。

その後もアイクは、数々の陰謀論の書物を出版し、世界を支配する秘密結社の正体を追求していった。そして九九年、『大いなる秘密』という著作を刊行する。五〇〇頁以上に及ぶこの書物において彼は、陰謀勢力の正体をついに突き止めたと宣言した。すなわちそれは、宇宙から飛来した「爬虫類型異星人（レプティリアン）」である。彼らは「変身（シェイプ・シフト）」の能力を用いて、あたかも地球人であるかのように振る舞い、世界各国の政治や経済における指導者として君臨し、その他の人類を家畜として管理・利用しているというのである。

世界の著名人たちに対して、その正体をレプティリアンであると指弾するアイクの主張は、少なからず社会からの憤激を呼び起こしたが、その奇抜な発想ゆえに、多くの支持者をも獲得した。彼はその後、二〇〇一年の『マトリックスの子供たち――次元の狭間に潜む種族はいかにして数千年間世界を支配してきたか』（邦題は『竜であり蛇であるわれらが神々』）、二〇一〇年の『立ち上がる人類――目覚める獅子』（邦題は『人類よ起ち上がれ！ムーンマトリックス』）等の書物を公刊し、爬虫類人陰謀論を発展・精緻化させるとともに、世界各地で精力的に講演活動を行い、自説の支持者を増加させている。

†レプティリアンによる人類家畜化

アイクが展開する爬虫類人陰謀論とは、具体的にはどのようなものなのだろうか。ここでは、彼が初めてその理論の全体像を示した著作、『大いなる秘密』の内容を概観することにしよう。アイクは、きわめて多様な説を引用・参照し、頻繁に話を前後させながら叙述を進めるため、論旨を読み取ることが容易ではないが、その歴史観はおおむね以下の通りである。

『大いなる秘密』によれば、現在の地球を支配しているのは爬虫類型異星人＝レプティリアンであり、彼らの故郷は「竜座（ドラゴ）」にある。彼らは地球に到来する以前、火星をも侵略しており、そこに生息していた金髪・碧眼の白色人種たちと交配を行った。レプティリアンと火星人の混血によって生み出された人間は、「レプタイル・アーリアン」と呼ばれる。

その後、火星の気候が急激に低温化し、居住には適さなくなったため、レプティリアンとレプタイル・アーリアンは、ともに地球へ移住した。彼らは、自分たちに奉仕させる奴隷種族を作り出すため、自らの遺伝子と、当時地上に存在していたさまざまな動物たちの遺伝子のあいだの交配実験を繰り返した。その結果、約二〇万年前、ホモ・エレクトゥス（直立原人）に遺伝子操作を施し、ホモ・サピエンスへと人工進化させることに成功した。こうして誕生した人類は、自分より遥かに進んだ知恵を有するレプティリアンを神として

イラクで出土した像
（『大いなる秘密』上巻九一頁）

崇め、彼らに従属することになったという。

レプティリアンは人類に厳しい労働を課し、ムーやアトランティスの地に高度な文明を築いていった。しかしそれらの文明は、一万三〇〇〇年前に発生した大洪水によって壊滅してしまった。大洪水の後、多くの異星人は地球を離れていったが、地球に住み続けたレプティリアンたちも存在した。

そして彼らは、人類に対する完全な支配のシステムを作り上げることを目論んだのである。

アイクは、神々が労働を肩代わりさせるために人間を創造したと物語るシュメール神話を重視し、そこに登場する「エンキ」や「アヌンナキ」という神の正体は、レプティリアンであったと論じる。彼によれば、イラクで出土した紀元前四〇〇〇年のものと推定される像は、レプティリアンの姿を模しているのである。

同様に、聖書の『創世記』第六章に見られる、神の子が人間の女を妻とすることによって「ネフィリム」が生まれたという記述は、レプティリアンがしばしば人間と直接的に性交を行ったことを示しているという。その他にもアイクは、エジプト、インド、ギリシャ、アメリカ、中国、日本等の世界各地に「竜神」の伝説が存在していることを列挙し、それらはレプティリアンが太古から世界を支配していた証拠であると主張する。

また『大いなる秘密』によれば、レプティリアンたちの主な住処は、「低層四次元」(=アストラル界)という非物理的領域に位置している。彼らは、物理的世界に現れる際には爬虫類の姿を取るが、その他の形態にも自由に変身することができる。地球を支配するレプティリアンたちは、大別して三種に分類される。その一つは、三次元の世界に自己を投影し、その姿を自在に出現・消滅させたり、変形させたりすることができる種類。二つ目は、自ら人間の肉体を纏っている種類。そして三つ目は、レプティリアンとの混血種である人間に憑依している種類である。

レプティリアンは、白色人種であるアーリアンとのあいだに強い絆を有しており、多くのケースでは、彼らの姿に変身したり、その肉体に憑依したりすることによって活動している。先述のように、アーリアンの起源は火星にあり、彼らはレプティリアンとともに地球に移住した後、世界各地で文明を築いていった。アーリアンは、各文明において王族や貴族の身分に収まり、政治的指導者として人々を支配してきたが、その背後では常に、レプティリアンによる操作を受けていたのである。

レプティリアンとレプタイル・アーリアンは、メソポタミアで人類を創造した際に、彼らを家畜として支配・管理するという密約を交わし、そのための組織として、「バビロニアン・ブラザーフッド」という名称の秘密結社を創設した。そしてアイクは、彼らに支配されているその他の人類を、「羊（シープ）」と「人民（ピープル）」という言葉を組み合わせて「家畜人（シープル）」と呼ぶ。

政治のみならず宗教もまた、レプティリアンの操作下にある。彼らの中枢組織であるバビロニアン・ブラザーフッドは、ユダヤ人を捕えてバビロンに連行した際、そのなかからレヴィ族を選び出して、彼らに「トーラー」（旧約聖書の主要な五文書）を書かせた。その文書に基づき、ユダヤ教、キリスト教、イスラム教といった諸宗教が生み出されていったが、これらの教えは実は、人類をレプティリアンに奉仕する従順な家畜として訓育するために作られたものであった。他方、人類の歴史に関する真の知識は、さまざまな秘教や神秘主義のなかに隠され、薔薇十字会やフリーメイソン、神智学の大白色同胞団といった数々の秘密結社によって伝承されてきた。しかしそれらの結社もまた、バビロニアン・ブラザーフッドという究極の秘密結社の傀儡組織にすぎないとされる。

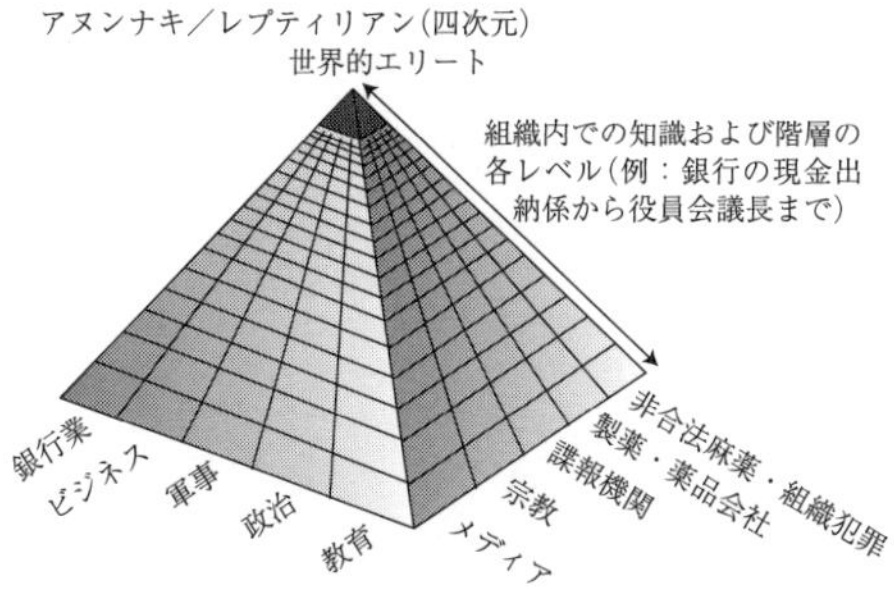

大衆操作のピラミッド

(『大いなる秘密』下巻二七頁)

†『議定書』の新解釈

レプティリアンの最終的な目標は、政治・経済・宗教等の各分野にわたる階層状のシステムを作り上げ、それによって人類を完全に家畜化することである。一九世紀から二〇世紀にかけての彼らの計画は、『シオン賢者の議定書』に明確に示されているが、その文書を著したのは、第一回シオニスト会議に集まったユダヤ人たちではなく、バビロニアン・ブラザーフッドの支配下にある「シオン修道院」という秘密結社であったという。

ヒトラーは、『議定書』を記したのはユダヤ人であると思い込む一方、アリオゾフィやゲルマン至上主義の思想家から「支配種族(マスター・レイス)」としてのアーリア人種という観念を刷り込まれ、その血統の純粋性を追求していったが、彼もまた、レプティリアンによって密かに操られていた。というのは、レプティリアンたちは、金髪・碧眼の人間の血液を吸うことを好んでおり、ナチズムの政策は、レプティリアンに生き血を捧げる人間を確保することに利用されたからである。

『議定書』に記されているように、現在レプティリアンは、人類を家畜化するための世界システムを完成させようとしている。その本拠地はロンドンのシティに置かれ、今や彼らは、政治・軍事・金融・メディア・宗教等のあらゆる分野を通して、人類を思うがままに操作している。アイク自身を含め、『議定書』の内容が真実であることを主張する人間が社会から排斥されるのは、それがレプティリアンたちの陰謀をもっとも赤裸々に暴露しているからに他ならない。

†人間の潜在エネルギー

それでは、高度な知性と科学力を持つレプティリアンが、遅れた生物である人類を家畜として管理しなければならないのは、一体何故なのだろうか。

アイクによればそれは、人間の生み出すエネルギーを彼らが必要としているからである。先に述べたようにレプティリアンは、低層四次元という領域に住み、人間の発する低い波動、すなわち、恐怖・敵意・罪悪感・性欲といった否定的想念のエネルギーを、自身の栄養源としている。レプティリアンたちがさまざまな手法を駆使して人間を管理するのは、可能な限り多くの負のエネルギーを、人間たちから引き出すためなのである。

アイクはまた、自説を補強するために、現代生物学の知見を積極的に援用している。アメリカの神経学者ポール・マクリーンは、一九六〇年代、進化論的生物学に依拠することにより、「三位一体脳」というモデルを提唱した。彼によれば人間の脳には、哺乳類に進化する以前に形成された「爬虫類脳」と呼ばれる部位が残存しており、それは主に、攻撃性・縄張り意識・儀式への執着・身分制志向等を司っているとされる。アイクはこの説を、レプティリアンが自らの血を混入させることによって人類を創造した証拠の一つと見なす。レプティリアンたちは、低層周波数を発して爬虫類脳に向けた意識操作（マインド・コントロール）を行い、人間における負の感情を増大させているのである。

それでは、人類はどのようにして、レプティリア

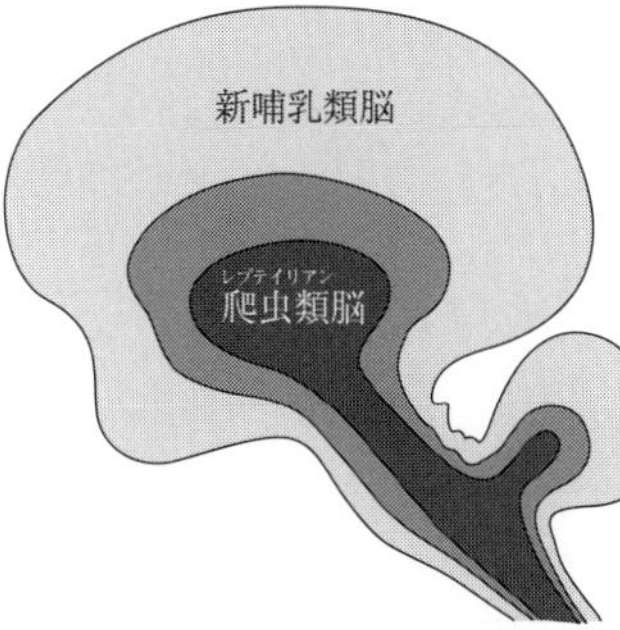

脳のなかに隠された爬虫類の機能
（『竜であり蛇であるわれらが神々』下巻三九五頁）

ンの支配を脱することができるのだろうか。アイクはその問いに対して、「意識を変えること」以外にない、と説く。レプティリアンは低層四次元から人間たちの意識に干渉し、自分を三次元の物質的存在にすぎないと思い込ませ、彼らの不安や恐怖や競争心を掻き立てているが、人間は本来、より高次元の存在であり（『超陰謀　粉砕篇』という書物でアイクは、人間を九次元的存在と位置づけている）、その魂は、究極意識としての神への進化の途上にある。レプティリアンが人間に寄生し続けるのは、人間が潜在的に有しているエネルギーの大きさが、レプティリアンのそれを遥かに凌駕しているからなのである。ゆえに人間は、自身の意識の波長を変えることにより、レプティリアンの支配を超克することができる。アイクは『大いなる秘密』の最終章において、次のように論じる。

もし、レプティリアン＝ブラザーフッドのこれ以上の地球に対する侵略と支配を止めるのに、彼らのホームグラウンドで、嫌悪、攻撃性、暴力を使って闘おうとしているなら、そんなことは忘れたほうがいい。勝負は見えている。だが、ブラザーフッドが発想すらできないような周波数帯、すなわち愛の周波数帯からこの挑戦を受けるなら、世界は変容し、レプティリアンの支配はなくなる。これには多くの理由がある。まず、愛に対して心を開けば、心臓のチャクラがものすごいスピードとパワーで回転し、われわれの人間としての意識の周波数が上がり、生命の最高の霊的表現である純粋な愛となる。（中略）あとは個々人の周波数に飛躍が起こり、われわれを恐怖という周波の陥穽から引き抜いて、低層四次元をはるかに超えた水準へと連れて行ってくれる。そう、レプティリアンの支配はここに終わる。彼らは、いわば別のラジオ局にいるようなものになる。彼らは彼らなりの光明への途上で、自分たちの行動の結果と対面するしかない。選択はわれわれにある。恐怖か愛か、牢獄か自由か、だ。

（『大いなる秘密』下巻五一六～五一七頁、訳文を一部改変）

†ユダヤ陰謀論からアーリア陰謀論へ

このようにアイクは、『大いなる秘密』という書物で、英語原文で五〇〇頁以上、邦訳で一〇〇〇頁以上にわたって、爬虫類型異星人がアーリア人に憑依・変身し、人類を密かに家畜として飼い慣らしてきた経緯を詳細に叙述している。目眩を誘うようなこうした奇想の数々は、果たしていかなる文脈から導き出されてきたのだろうか。

ある意味でアイクの爬虫類人陰謀論は、西洋の歴史において連綿と語り継がれてきた

「悪魔論」の単なる現代版と解することもできるが、それを構成していると考えられるいくつかの要素について、簡単に指摘しておくことにしよう。

アイクの陰謀論に対して、その基本的な図式を与えたのは、やはり『シオン賢者の議定書』である。前章で見たように『議定書』は、ユダヤ人が世界支配の陰謀を巡らせているという内容の文書だが、特にその第一一議定書においては、ユダヤ人が「狼」に喩えられる一方、非ユダヤ人（「ゴイム」と称される）が「羊」や「牛」といった家畜に喩えられ、ユダヤ人は彼らを密かに利用・管理しているといった記述が見られる。また、前章でも触れたように、『議定書』に付されたセルゲイ・ニールスの解説においては、非ユダヤ人を家畜として扱うという計画が「象徴的蛇の奸計」と表現されている。このように、爬虫類的存在としてユダヤ人が、その他の民衆を家畜として利用するというイメージは、最初に『議定書』によって作り出されたのである。アイクが展開する陰謀論もまた、その影響圏内にある。

アイクは『大いなる秘密』において、アリオゾフィに対して否定的に言及しているが、彼の歴史観は、アリオゾフィのそれときわめて類似している。これも前章で見たように、アリオゾフィを提唱した思想家ランツ・フォン・リーベンフェルスは、アーリア人を神的種族と見なし、彼らが数々の文明を作り上げてきたものの、アッシリアで獣的存在との混血が生じ、それによってアーリア人の高貴さが失われようとしているという歴史観を提示した。その構想はやがて、高等民族たるアーリア人と劣等民族たるユダヤ人という二元論に収斂し、その図式の上に『議定書』のユダヤ陰謀論も受容されていったのである。

これに対してアイクは、アーリア人の起源が火星にあり、彼らは地球に到来する以前から、すでにレプティリアンという獣的存在と混血していたと論じる。そしてレプティリアンは、地球に降り立った後、メンポタミアで人類を創造したが、それはレプタイル・アーリアンとともに、彼らを家畜として支配するためであったとされる。

アリオゾフィやナチズムの思考において、獣的な陰謀勢力がユダヤと見なされたのに対して、アイクはアーリアこそが爬虫類人に憑依されていると捉えるため、その構図はまったく正反対のものに逆転している。しかし、神的本性を有する人間が獣的存在によって蹂躙され、家畜として支配されるという基本的な歴史観・人種観自体は、アリオゾフィや『議定書』のそれから変化しているわけではない。言わばアイクは、従来のユダヤ陰謀論をさらに裏読みし、それを「アーリア陰謀論」に反転させることによって、自らの理論を構築したのである。

†戦後のオカルティズムからの影響

第二次世界大戦の惨禍の後、オカルティズムが人種差別的見解に結びつくというケースは比較的目立たなくなったものの、霊の性質によって神人と獣人を区別するという二元論的思考、さらには、神的本質を有する人間が獣的勢力によって脅かされるという構図自体は、依然として持ち越された。本章でケイシーやアダムスキーの例を見たように、戦後のオカルティズムにおいては、霊性進化に向かう人類の歩みを、邪悪な超古代的・宇宙的存在者が妨害しているという図式がしばしば描かれたのである。

その他にも、人類が宇宙人によって「家畜」として扱われているという説は、超常現象研究の先駆者であるチャールズ・フォートによって二〇世紀前半に提示され、戦後のUFOブームにおいても繰り返し論じられた。一九六七年には、アメリカ・ネブラスカ州の警察官であったハーバート・シャーマーが、宇宙人によってUFO内に拉致(アブダクト)され、人体実験を施されたと訴える事件が起こっている。彼はその宇宙人を「爬虫類人(レプトイド)」と称したため、爬虫類型宇宙人によって人間が動物として扱われるという物語は、大衆的なUFO説話における定型モチーフの一つとなったのである。

また、本書の枠組みでは詳しく論じることができなかったが、一九六〇年代以降のオカルティズムにおいては、超古代史論と宇宙人論が結合することにより、「宇宙考古学」と呼ばれる分野が形成された。そこでは、さまざまな古代文明の創造に対して、宇宙人が関与した痕跡が探求されていった。

その代表的論客の一人として、イスラエルとアメリカで活動した著述家のゼカリア・シッチンという人物を挙げることができる。彼は、古代シュメール文化の粘土板を研究し、一九七六年以降、『地球年代記』という一連の書物を著した。それによれば、約四五万年前、「ニビル」という惑星から宇宙人が地球に来訪し、奴隷として奉仕させるために、遺伝子操作によって人類を作り出したとされる。アイクによるシュメール神話の解釈は、ほぼ全面的にシッチンの説に依拠している。地球人を奴隷化する狡知に長けた宇宙人というアイクの発想は、シッチンの書物を介して具体化していったのである。

†被害妄想の結晶化

このように、アイクの書物に見られる「爬虫類人による人間の家畜化」「アーリア陰謀論」「邪悪で狡猾な宇宙人」といった要素は、従来のさまざまなオカルティズムの思潮に由来するものであり、彼の理論は、それらに改変や折衷を施すことによって作り上げられている。また、本書で見てきた他の例と同様、彼の世界観においても、神人と獣人の対立という二元論がその基調を成しているが、アイクに見られる顕著な特徴は、そうした二元論における負の存在の影響力がとりわけ強調されていることにある。

古来、悪魔や悪霊といった存在は、不安・恐怖・怨念といった否定的感情、あるいは過去に被った心的外傷を、外部に投影することによって形作られてきた。近代においてそれらは、前時代的な迷信としていったんはその存在を否定されたが、しかし言うまでもなく、それらを生みだしてきた人間の負の心性自体が、根本的に消え去ったというわけではない。そうした心情は今日、社会システムの過度な複雑化、地域社会や家族関係の歪み、個人の孤立化などによって、むしろ増幅されてさえいるだろう。一見したところ余りに荒唐無稽なアイクの陰謀論が、少なくない人々によって支持されるのは、「爬虫類型異星人」というその形象が、現代社会に存在する数々の不安や被害妄想を結晶化させることによって作り上げられているからなのである。

第三章

日本の新宗教

これまでの二つの章では、神智学の教義によって輪郭を与えられた霊性進化論という宗教思想が、主に欧米社会においてどのような展開を辿ったかということを概観してきた。本章ではさらに、日本における状況について見てゆくことにしたい。

霊性進化論の諸思想は、一九世紀後半から二〇世紀前半までは、もっぱらヨーロッパにおける神智学の運動を中心に発展し、そして二〇世紀後半以降は、アメリカにおけるニューエイジの運動として多様な展開を見せた。それに対し日本では、神智学協会の創設者の一人であるオルコットが一八八九（明治二二）年に来日するなど、一九世末にはすでに神智学の存在が知られ始めていたが、その思想が広く一般にまで浸透するようになったのは、「精神世界」の流行や「第三次宗教ブーム」が見られた一九七〇～八〇年代以降のことである。

精神世界とは、日本古来の霊学思想や、現代アメリカのニューエイジの諸思想など、新旧のオカルティズムが雑然と入り混じった多彩な思想潮流だが、日本において霊性進化論は、そうした現象の重要な一角を占めるものとして普及したのである。

日本における霊性進化論の展開は、全体として見れば、ヨーガや密教の修行を中心とする流れと、スピリチュアリズムを中心とする流れの二種類に大別することができる。前者では、クンダリニー・ヨーガの修行による超能力の開発が重視され、後者では、高位の霊格との交信が重視された。

そして、それぞれの流れを代表する新宗教の団体として、オウム真理教と幸福の科学を挙げることができるだろう。本章では、両教団が形成されるまでの前史について触れた後、その活動経緯や教義内容を概観することにしよう（特にオウム真理教については、拙著『オウム真理教の精神史』において総合的な分析を行っているため、詳しくはそちらを参照していただきたい）。

1 日本シャンバラ化計画――オウム真理教

†三浦関造の竜王会

本書の冒頭で触れたように、オウム真理教は、超能力者たちを数多く育成し、彼らを中心として「シャンバラ」や「真理国」と呼ばれるユートピア国家を樹立することを目標としていた。そして、超能力を開発するための方法として位置づけられていたのが、クンダリニー・ヨーガの修行や、さまざまな形式のイニシエーションである。それでは、オウムに見られる思想や実践の形態は、どのような経緯で発展してきたのだろうか。

日本において、神智学系ヨーガの基礎を作り上げたのは、三浦関造という人物である。彼は一八八三年に福岡に生まれ、師範学校を卒業した後、小学校の教員となった。それから青山学院で神学を修め、卒業後は、弘前の教会で副牧師を務めながら、ルソーの『エミール』を翻訳した。同書がベストセラーとなった後は、副牧師の職を辞して著述に専念し、タゴール、ドストエフスキー、トルストイ等の翻訳を手掛けている。

このように、教育者・牧師・翻訳家としてキャリアを開始した三浦であったが、一九一六年に刊行した著作『埋れし世界』においては、早くもブラヴァツキーの神智学に言及している。神智学に対する関心はその後も深まってゆき、三〇年にはアメリカを訪問して、同地の神智学徒たちと交流した。四〇年から終戦までは上海で生活を送り、そこに居留している外国人に向けたオカルティズムの講義や、英文での著述活動を行っていたと言われる。

戦後に三浦は、神智学信奉者としての活動を本格化させ、五三年にヨーガ団体「竜王会」を結成する。彼は、『至上我の光』という名称の機関誌を発行する他、『神の化身』

『聖シャンバラ』『輝く神智』等の書物を次々に著し、神智学の紹介と普及に努めた。

三浦の思想は、ブラヴァツキーやリードビーターの教説に基づく根幹人種論や大師論、ヨーガの実践論を中心としていたが、アメリカ滞在の経験を反映しているためか、アリス・ベイリーに由来するニューエイジ論からの影響も色濃く認められる。すなわち、近い将来、新たな「アクエリアス(水瓶座)」の時代が到来し、人類は物質文明から精神文明に移行すると主張されるのである。

六〇年に刊行された『神の化身』において三浦は、一九五九年から六四年にかけての時期を、人類にとっての大きな転換期と位置づけている。人間はヨーガの技法に熟達することによって、本来備わっている電磁的能力を回復し、天上の大師たちと交信することが可能となる。そのとき人類は、世界君主であるサナート・クマーラの指導の下で、新たな精神文明を築くことになるのである。しかし、霊性の進化に失敗すると、現在の物質科学が暴走し、大陸沈没や砂漠化といった破局的事態が引き起こされることになるという。

三浦関造が六〇年に死去した後、竜王会は彼の長女である田中恵美子によって引き継がれ、会の内部には、神智学協会のニッポン・ロッジが設立された。その後、神智学の組織自体が日本で広く普及するということはなかったが、竜王会の出版部門である「竜王文庫」からは神智学の関連書籍が数多く公刊され、幅広い層の読者を獲得していった。こうして、神智学に内在していた諸種の観念は、さまざまな新宗教や精神世界の運動の源流を形成していったのである。

†本山博の超心理学

次に、神智学を直接的に継承したわけではないものの、クンダリニー・ヨーガに基づく霊性の進化という観念から強い影響を受けた二人の宗教家として、「国際宗教・超心理学会」会長や玉光神社宮司を務める本山博と、「阿含宗（あごんしゅう）」の創始者である桐山靖雄について触れておこう。

本山博は一九二五年、香川県に生まれた。本山の母は霊能者であったため、彼は幼少時から、母とともに読経や滝行といった修行に参加し、さまざまな霊的現象を経験していた。青年になった本山は、東京文理科大学（現・筑波大学）に入学し、神秘現象を科学的に解明するために、アメリカの超心理学者ジョゼフ・バンクス・ラインによるESP実験や、スイスの精神医学者カール・グスタフ・ユングの深層心理学について研究した。またその傍ら、ヨーガの修行を開始して、自身の霊能力の研鑽に努めている。

六三年に公刊された彼の処女作『宗教経験の世界』においては、霊能者やヨーガ行者が経験する超感覚的世界の実在を、ラインやユングの理論によって分析・論証するという構成が取られている。このなかで本山は、プロティノス、エックハルト、十字架のヨハネ、空海等、さまざまな宗教家の説に見られる神秘的階梯論を参照しているが、最終的にはヨーガの理論に倣い、チャクラの数と同じく七つの段階を経て、人間は精神を進化させると論じる。その過程で修行者は、各段階に見合った神秘的現象や加持力の発現を経験する。そして第七段階においては、自己の精神を完全に滅却させ、最高神と一体化することになるという。

大学院を修了した後、本山は六〇年に「宗教心理学研究所」を創設し、独自の研究や著述活動を開始した。その際に重心が置かれたのは、ヨーガの実践による神秘現象の体験と超常能力の獲得であった。七八年にはリードビーターの『チャクラ』を翻訳し、神智学のヨーガ理論を紹介するとともに、自身も『密教ヨーガ――タントラヨーガの本質と秘法』というヨーガの実践書を公刊している。

『密教ヨーガ』の冒頭で本山は、現代を物質的世界から霊的世界への移行期と位置づけ、霊的進化の達成者の出現を促すために、この書物を執筆したと述べている。本論において

絶　対　者
最高神（創造者）
太陽系では太陽神
地　球　神
神々の世界 （民族神、国の神など）
霊界（カラーナ）
霊界（アストラル）
顕　界

魂の進化の階梯

（『呪術・オカルト・隠された神秘』一二頁）

は、本山自身のヨーガの体験が詳細に記されているが、それによれば彼は、二〇代半ばからヨーガの修行を開始し、その数カ月後には、クンダリニーの覚醒と数秒間の空中浮揚を経験した。また、修行が進むにつれて七つのチャクラが一つずつ開いてゆき、テレパシーや透視等の超能力を獲得するとともに、前世の記憶を回復することや、意識を体外に離脱させて神を見ることが可能になったという。

『宗教の進化と科学——世界宗教への道』（一九八三年）や『呪術・オカルト・隠された神秘——心の成長と霊の進化の宗教学』（一九八九年）といった後の著作においては、魂の進化の段階が、右のような仕方で図式化されている。人間はその階梯を一つ登るたびに、自らの霊性の水準を高めると同時に、物質的領域に対する支配力を拡大してゆく。こうして本山は、神智学を始めとする諸理論を適宜取り入れながら、自らの霊性進化論の体系を構築していったのである。

†桐山靖雄の阿含宗

ヨーガや密教の修行によって超能力を獲得しうるということ、さらには「新人類へ変身」しうるということを、日本社会により広くアピールしたのは、桐山靖雄が創始した阿含宗であった。

一九七一年に公刊された『変身の原理――密教・その持つ秘密神通の力』において桐山は、密教とは、人間に潜在している超能力を発現させるための隠された技法であると論じている。人間の脳は、生命維持を司る「脳幹・脊髄系」、本能や情動を司る「大脳辺縁系」、思考や理性を司る「新皮質系」の三つの部分に大別されるが、桐山によれば、「知恵ある人（ホモ・サピエンス）」としての現在の人類は、新皮質系の機能のみを過分に発達させており、その反面、大脳辺縁系を眠り込ませた状態にある。そして密教とは、大脳辺縁系の潜在能力を覚醒させるための技法なのである。

「即身成仏」とは、大脳辺縁系の潜在意識を新皮質系の知性に直結させることを意味し、それが達成されると、人はさまざまな超能力を獲得することができる。桐山は、自身が超能力者であることの証明として、念力で火を熾（おこ）して護摩を焚くという行を実践した（しかし、廣野隆憲『阿含宗の研究』一六七頁以下によれば、それは無水クロム酸を利用したトリックであったとされる)。

『変身の原理』の翌年に公刊された『密教——超能力の秘密』という著作では、リードビーターや三浦関造のヨーガ論が援用され、クンダリニー・ヨーガこそが、人間を超能力者に変える秘法であると説かれる。また、それによって人類は、現在のホモ・サピエンスを超えて、さらなる進化を遂げることができるという。

ホモ・サピエンスはこれまで、高い知性によって文明を発展させてきたが、今やそれは環境汚染や戦争を引き起こし、自らを破滅させる原因となっている。ホモ・サピエンスは現在、「集団自殺」への道を辿りつつあるが、しかしそのなかでは、「あたらしい種の胎動」が始まっている。クンダリニー・ヨーガの技術を修得した一部の人類は、「ホモ・エクセレンス(優秀なるヒト＝超人)」という新種に進化する。そして彼らは、古い種を淘汰した後、まったく新しい文明を創造することになるのである。

『密教』に見られる終末論的記述は、八一年に公刊された『一九九九年カルマと霊障からの脱出』において、いっそう先鋭化されている。この著作は、七三年に始まる五島勉の『ノストラダムスの大予言』シリーズのブームに呼応して書かれたものだが、このなかで桐山は、ノストラダムスの予言の他にも、神智学の文明周期説やエドガー・ケイシーの予言を援用し、現在の文明は刻一刻と滅亡に近づいていると警鐘を鳴らす。

これまでの歴史においては、人類の悪しきカルマが蓄積されることによって、いくつもの文明が滅亡してきた。そして現在の文明は、主にキリスト教によって生み出されたカルマの結果として、破滅へと近づいている。危機に瀕する人類を救済することができるのは、ノストラダムスの予言に登場する「アンゴルモアの大王」であるとされ、桐山はそれを「阿含(アーガマ)を説いたモンゴルの王」、すなわち、仏陀釈尊を指すと解釈する。仏陀の智慧、より具体的には、阿含宗から発せられる救済のヴァイブレーションこそが、人類を「カルマと霊障から脱出」させることができるのである。

桐山はその著作において、密教の修行の実践によって誰でも超能力者に変身できると説き、さらにはそれを、現代文明の滅亡と新たな種の誕生という終末論と結合させた。七〇年代の超能力ブームやノストラダムスブームに後押しされ、七八年に彼が創立した阿含宗は、短期間のうちに多くの信者を集めた。そしてそのなかから、麻原彰晃を始めとして、後にオウム真理教を作り上げる人々が現れてくることになる。

†神仙民族とシャンバラ

オウム真理教の教祖である麻原彰晃（本名は松本智津夫）は、一九五五年、熊本県の八代に生まれた。彼は幼少時から視覚に障害があったため、小学一年時の秋から熊本県立盲学校に転校し、二〇歳までを同校で過ごした。麻原は社会的エリートになることを望んでおり、熊本大学医学部や東京大学文科一類を受験したが、結果は不合格であった。

卒業後に上京すると、盲学校で学んだ鍼灸の技術や漢方の知識を生かし、七八年、千葉県船橋市に鍼灸院と薬局を開業する。経営は順調であったが、八〇年に保険料の不正請求が発覚、八二年には薬事法違反で逮捕されている。

学業や商売で成功をつかむことができなかった麻原は、宗教の領域に足を踏み入れることを決意する。彼は二二歳頃から、東洋医学の修得と並行して、ヨーガや仙道の修行を始め、また、次節で触れるGLAの高橋信次の書籍を愛読していた。八〇年には、桐山靖雄の阿含宗に入信し、三年間の修行に打ち込んでいる。

そして八三年に彼は、東洋医学とヨーガの技法を用いた能力開発の学習塾を、渋谷に開設する。その頃から、本名を捨て「麻原彰晃」と名乗るようになった。翌年には学習塾を

「オウムの会」というヨーガ道場に変更している。ちなみにオウムとは、ヒンドゥー教において「創造・維持・破壊」を表す聖音とされる。

八五年二月から麻原は、修行の成果として空中浮揚に成功したと吹聴し始めたため、さまざまなメディアで彼の話題が取り上げられるようになった。当時の彼の世界観は、八五年一〇月、オカルト雑誌の『トワイライトゾーン』に掲載された「最終的な理想国を築くために神をめざす超能力者」という題名のインタビュー記事に簡潔に示されている。

それによれば麻原は、八年前からヨーガやチベット密教の修行を始め、その後間もなく、神々の言葉を聞き取るようになった。神々は、現在の世界に終焉が近づいていることを告知し、人類の未来を切り開くために、麻原に「神軍を率いる光の命（みこと）」として戦いの中心に加わるよう命じる。麻原の持つ予知能力によれば、二〇〇六年には核戦争の第一段階が終了し、その頃に日本は死の灰の影響を受けているという。

核戦争は、世界を「浄化」する手段という意味合いをも有しており、それによって利己的な人間たちは粛清され、魂を進化・向上させた「神仙の民」と呼ばれる者たちだけが生き延びる。そして彼らは、二一〇〇年から二二〇〇年頃に、完璧な超能力者たちの王国としての「シャンバラ」を築くことになるというのである。

この短いインタビュー記事のなかには、後のオウムの活動において具体化されるものが、すでに明瞭に示されている。すなわち、物質的欲望に耽溺している利己的な人間たちを粛清するために最終戦争が行われ、その後にシャンバラという理想国家が築かれるという構図である。麻原はその目標の実現に向けて、急速に教団を拡大させてゆくことになる。

†教義と教団の拡充

八六年三月に麻原は、処女作となる『超能力「秘密の開発法」――すべてが思いのままになる！』を公刊した。その内容は、クンダリニー・ヨーガの修行によって、空中浮揚の他、予知やテレパシーといった数々の超能力を獲得することができ、それらを用いて、健康・恋愛・蓄財・出世等のあらゆる願望が叶えられるという現世利益的なものであった。しかし同書の末尾では、超能力開発の究極的な目的は、現在の世界を越えることにあると述べられている。

ごくふつうの人間が、超能力修行によって次々と超能力を獲得し、神々に近くなっていく。これは別にSF小説の話ではない。すでに現実化しているのである。そして、具体的な手段が本書に示されているわけである。（中略）超能力を持ち、それと同時に霊的に進化し、精神と肉体の向上を果たした新人類の時代がやって来るのではないかと考えているのである。その時代は、すべての調和がとれていて、美しく平和であるに違いない。

（『超能力「秘密の開発法」』一九九〜二〇〇頁）

『超能力「秘密の開発法」』

八六年一二月に公刊された麻原の二冊目の著作『生死を超える――絶対幸福の鍵を解く!!』においても、クンダリニー・ヨーガに基づく超能力開発が主なテーマとされているが、現世利益に関する記述は一転して影を潜めている。現世のすべてが根本的に幻影でしかない以上、人間にとっての「絶対幸福」は、生死を超え、解脱して神に近づくこと以外にない、というのである。

そして、八七年八月公刊の三冊目の著作『イニシエーション』では、修行を着実かつ迅速に進めるために、「師(グル)」＝麻原に対して徹底的に帰依し、彼から数々のイニシエーションを授与される必要があることが説かれた。オウムでは後に、きわめて多様なイニシエーションの方式が考案されていったが、初期の教団において重要な役割を果たしたのは、グルが親指で弟子の眉間に性力（シャクティ）を注入し、クンダリニーの覚醒と上昇を促す「シャクティーパット」という技法であった。こうしてオウムにおける修行は、自身の研鑽によって超能力を獲得する自力救済的なものから、グルである麻原への帰依によって悟りを与えられる他力救済的なものへと変化していったのである。

八六年から八八年にかけては、上述のような教義面の拡充が行われるとともに、宗教団体としての体制が着実に整備されていった。ヨーガ団体「オウムの会」は、八六年四月に「オウム神仙の会」へ、八七年七月には「オウム真理教」へ名称変更され、八六年からは、財産のすべてを教団に布施し、専属の修行者となる「出家制度」が開始された。

麻原に対していち早く帰依を表明し、各種の修行の成就者として認められた者、麻原から高度なイニシエーションを授けられた者は、教団内において「大師」と呼ばれ、麻原と並んで指導的な役割を担った。第一章で見たように、神智学徒リードビーターは『大師とその道』という著作において、高度なイニシエーションを受けた大師たちによって構成される「大聖同胞団」という宗教結社がチベットの聖地シャンバラに存在することを説いたが、オウム真理教は神智学のそのような理念を、教団の体制として現実化させたのである。八七年七月には、シャンバラの原理を日本全体に押し広げるための方針として、「シャンバラ化計画」が発表された。オウムによればシャンバラとは、「宇宙の真理を擁護し、推進している伝説の世界のことで、かつて尊師（注：麻原を指す）がいらっしゃった聖なるユートピア」を意味する。シャンバラ化計画においては、（1）全国主要都市に支部を開設、（2）七つの主要都市に総本部道場を建設、（3）ロータスヴィレッジという理想的コミュニティの建設、という三つの目標が掲げられ、ひいては、三万人の「成就者」を生み出すことによって世界を神聖なヴァイブレーションで包み込み、地球全体をシャンバラ化することが目指された。

こうしてオウム真理教は、かつて麻原が『トワイライトゾーン』で語ったシャンバラの建国という理想に向かい、具体的な計画を始動させたのである。

†社会との対立と終末論の昂進

八八年八月には、シャンバラ化計画に基づいて集められた資金をもとに、静岡県富士宮市に「富士山総本部道場」が開設された。それによってオウムは、さまざまな活動を多方面に展開するための拠点を手にしたわけだが、それは同時に、教団と一般社会のあいだに明確な距離が生じることをも意味していた。本書の冒頭で触れた上祐史浩の証言によれば、オウムの目標が「種の入れ替え」であることが麻原や幹部たちのあいだで共有され始めたのは、この時期に当たる。

総本部道場の開設によって活動を本格化させて以降、教団の内部では、オウムの理想に潜む矛盾や難点が次々と露わになっていった。その最初の切っ掛けは、同年九月に総本部道場で行われた「極限の集中修行」において、信者の一人が事故死したことである。

教団は、救済計画が遅れることを理由に事件を公表せず、彼の魂を高い世界に転生させると称して、その遺体を極秘裡に処分した。魂を転生させる技法は、チベット密教に倣って「ポア」と称され、その後のオウムの活動においては、殺人を正当化する根拠として用いられることになる。八九年二月には、死亡事故を知った出家信者が脱会を申し出たため、口封じのために殺害するという事件も起こった。

総本部道場の開設以降、出家制度が本格化したことにより、社会からの風当たりも強まっていった。麻原の体液を飲ませるイニシエーションや、過激な修行の数々は、週刊誌やテレビによってセンセーショナルに報じられた。オウムに出家した信者とその家族とのあいだには頻繁に衝突が起こり、八九年六月には、坂本堤弁護士を中心に「オウム真理教被害対策弁護団」が結成されている。これに対してオウムは、同年一一月、坂本弁護士とその家族を密かに殺害し、その遺体を山中に埋めたのである。

オウムと社会の対立が表面化した頃、その状況が多分に反映されたためか、教団においては、この世の終わりを説く教義の徹底化が行われた。それが、『滅亡の日——麻原彰晃「黙示録大預言」の秘密のベールを剝ぐ』(八九年二月)と『滅亡から虚空へ　続・滅亡の日——麻原彰晃の「黙示録大預言」完全解読』(同年五月)という二つの終末論的著作である。

これらの著作では、過去の世界史上の出来事が『ヨハネ黙示録』の記述に照らして解釈された上で、現在の超大国であるアメリカとソ連が、ともに「獣」の原理によって動いていると論じられる。そして世界は、ヒンドゥー教の破壊神であるシヴァ神によって遠からず破壊され、その後には「新しい天と地が開ける」、すなわち、シヴァ神から救世主に任じられた者によって、シャンバラというユートピアが築かれることになるというのである。『滅亡から虚空へ』の結論部で、麻原は次のように述べている。

近頃ね、私は人間の幸福について、ちょっと逆転した思考を打ち出しているんだね。（中略）一見安定して満足した状態っていうのは、単に徳をすり減らしているわけだから、次の転生では当然下の世界へと落ちてしまうんだよね。またね、〝平和〟という言葉にも私は疑問がある。平和というものの背景には、支配があるんだよ。その支配というのは、まあ現代に関していえば、物質主義に固定化させて真理を浸透させないということ。私達は一時的な快楽をもらう代わりに、ものすごく大きな損失をしているんじゃないかね。（中略）一方、神のサイドから見たら、人間には進化して高い世界へと生まれ変わってほしいという気持ちがあるわけだから、この堕落して三悪趣（さんあくしゅ）（注：六道輪廻における畜生・餓鬼・地獄の三界を指す）に生まれ変わっていくような世の中は破壊しようとするだろう。ただ、いろいろな神話では破壊されて終わりになっているけれども、破壊されるだけじゃないだろうね。つまり、超人類が現われて、その超人類は生き残り、残りの一時的な享楽だけに耽（ふけ）った魂は破壊されるということだ。これが人類滅亡のシナリオじゃないかと思うんだね。

（『滅亡から虚空へ』二一八〜二一九頁）

『滅亡の日』や『滅亡から虚空へ』にはすでに、現在の社会において「魂の汚れきった者たち」が組織的な情報操作を行っており、その影響で人々の意識は、暴力・性愛・美食といった低次元の欲望に縛りつけられているとする陰謀論的発想が見られるが、それが全面的に展開されるようになったのは、オウムが衆議院選挙に出馬し、敗北を喫して以降のことであった。

麻原は八九年八月、日本における政治力を手にすることを目指して「真理党」を結成、翌年二月の衆議院選挙において、自身を含む二五人の候補者を立てた。しかし、結果は全員が供託金没収となる惨敗であり、麻原でさえ、わずか一七八三票しか獲得することができなかった。自尊心を深く傷つけられた麻原は、この選挙結果は「国家権力による陰謀」であると吹聴し始める。その翌月の説法においては、「いよいよユダヤ人――フリーメイソンが登場し出した」と語られた。すなわち麻原によれば、真理の護持者であるオウムが勢力を伸張させていることに対して、世界を支配する闇の勢力が

ユダヤ陰謀論を特集したオウムの雑誌

目を留め、ついに積極的な弾圧を開始したのである。

現在の世界がユダヤ＝フリーメイソンに支配されており、オウムがその勢力によって弾圧・攻撃されているという観念は、九〇年から麻原の説法に現れ始め、特に九三年以降の説法においては、その至るところに姿を見せるようになった。その論理は、大枠として次の通りである。

麻原は、ユダヤ人が「神々の系譜」を引く存在であり、タルムードやカバラといった宗教的伝統を通じて、隠された知恵を保持していることを認める。しかし彼らはその知恵を、高次元の世界を実現するためにではなく、物質世界における権力を掌握するために用いようとする。

アメリカやロシアは今や、プラズマ兵器・生物化学兵器・恒星反射砲といった高度な武器を手にしているが、それらはすべてユダヤ人によって開発されたものであり、彼らは圧倒的な科学力・軍事力を背景に、世界の支配権を確立している。他方、支配を受ける側の人間たちに対しては、彼らをさまざまな快楽に耽らせることにより、その知性を密かに奪い、動物として管理しているのである。いささか混乱した内容だが、麻原は九三年四月に教団内で行われた説法において、そのことを次のように表現している。

ではだ。この人間世界を支配するためにはどのようにしたらいいだろうかと。（中略）つまり、今の人間に対して「喜び」を与えると。セックスによる喜びを与えると。カネを持たせるということにより喜びを与えると。（中略）そして、人間の思考力を完全に止め、無智化させた段階で、自分たちは必死に、ある程度の煩悩捨断を行ない、そして普通の火以上のプラズマ、あるいは核を手に入れたと。これがユダヤと、それから凡夫の違いなんだよ。もともと『旧約聖書』を見ればわかるとおり、ユダヤというのは意識堕落天のカルマが非常に強い。その途中の段階で、「燃える丸い炎の輪に十字の剣」という象徴が出てくる。これは明らかに意識堕落天の象徴である。したがって彼らは、「半分神」なんだね。ところが今の人間は、それほど智性が高くないから、彼らに支配される運命にあるんだ。では彼らを超える道はあるのかと。それは当然あるよ。なぜならば愛欲神、あるいは神聖世界は、それより高い概念であると。いや言い方を換えれば、彼らを超えてすべての衆生を済度するためには、神聖世界の教え、実践、科学、そして、宗教をね、この日本に、それから世界に持ち込むしかないんだ。それがもともとわたしの役割だ。

（麻原彰晃『ヴァジラヤーナコース　教学システム教本』第三五話）

ユダヤ人は、フリーメイソンやイルミナティといった秘密結社を動かし、世界支配の陰謀を進めているが、それらのすべては、実は傀儡にすぎない。麻原は、その背後に潜んでいるのは、究極的には「悪魔（マーラ）」そのものであると論じる。というのは悪魔とは、聖典の規定によれば、「物質によってわたしたちを支配する者」を指すからである。

オウムにおける修行とは、悪魔との戦いであり、そしてその目的は、悪魔に支配された世界の解放・救済に他ならない。しかし、そのような困難を乗り越えることにより、われわれは大きな功徳を積み、神々の世界に飛躍することができるだろう——。麻原は信者たちに、そう呼びかけたのだった。

†奇妙な戦争

九〇年前後からその存在を広く知られるようになったオウム真理教に対して、日本社会は当惑や冷笑といった態度でこれに応じたが、同時期にすでにオウム側の意識においては、不可視の巨大な敵との抗争が開始されていた。

衆院選の敗北から一ヵ月後の九〇年三月、オウムはボツリヌス菌の製造実験に着手し、それを散布するための風船爆弾の開発を行っている。同年五月には、熊本県波野村（現・阿蘇市）に広大な土地を取得し、「シャンバラ精舎」という名称のプレハブ群を建設した。その内部では、ホスゲンや塩素ガスといった化学兵器の開発が行われた。

九二年以降、オウムはロシアに進出し、生物化学兵器の開発に必要な器具類、自動小銃の見本、軍事用輸送ヘリのミル17等を輸入している。九三年には、自動小銃の大量密造を開始するとともに、東京・亀戸の道場で炭疽菌を培養し、都内各所でこれを散布したが、その際に製造された炭疽菌は毒性を備えていなかったため、異臭騒ぎを起こすだけに終わった。同年四月にはサリンの製造研究が開始され、八月に生成実験に成功する。その直後には、七〇トンという大量のサリンを製造するため、山梨県上九一色村（現・富士河口湖町）の「第七サティアン」という施設にプラントを建設する計画が立ち上がっている。

このようにオウムにおいては、九〇年から九三年にかけて、見えざる外部の敵と戦うための準備が着々と進められたわけだが、同時に麻原の意識の内部では、オウムはすでに敵からの攻撃を受けているという被害妄想が昂進していった。九三年の秋から麻原は、教団施設に対して、マスタードガスやサリン、VXといった毒ガスが密かに噴霧されていると頻繁に訴え始める。そして、教団内にスパイや破壊工作員が潜入しているという激しい猜疑心にも駆られていった。

その結果、教団では、信仰に動揺が見られる信者に対して、「バルドーの悟りのイニシエーション」と称し、麻酔薬を注射した上での自白の強要や教義の刷り込みが行われるようになった。また、教団に対する否定的な観念や、外部に漏らされると不都合な記憶を持っている信者に対しては、電気ショックを与えてこれを消去しようとした。

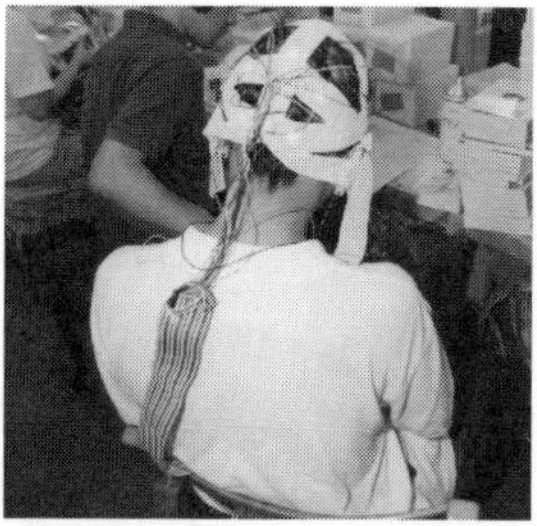

PSIを装着したオウム信者
（提供　毎日新聞社）

その一方、「PSI」（Perfect Servation Initiation）と呼ばれる脳波コントロールの装置が開発され、信者の脳波を麻原の脳波と同調させることが試みられた。その目的は、「汚れた煩悩のデータ」を消去し、「浄化された最終解脱者のデータ」を入力することであると説かれた。

九四年二月に中国を旅行した際、麻原は同行した幹部たちに対して、九七年までに自分が「日本の王」になること、そのために「真理に仇なす者はできるだけ早く殺さなければならない」ことを宣言する。同年六月には、教団の組織体制として「省庁制」が導入され、幹部たちには「大臣」や「長官」といった肩書が与えられた。その翌月には、オウムが築く新たな国家のための憲法として、「真理国基本律」という文書が考案された。そこでは、麻原が「神聖法皇」と称され、彼を絶対者とする政教一致の国家体制が構想されていた。

しかしながら他方、第七サティアンのプラントにおけるサリンの大量製造は、さまざまな障害を抱えたまま、計画が遅延していた。そして九五年元旦、上九一色村でサリンの残留物が検出されたことを読売新聞が報じたため、オウムは急遽計画を中止、同年三月二〇日に、警察の強制捜査への対抗策として、霞が関を標的とした地下鉄サリン事件を引き起こすことになる。その二日後には、オウムの主要施設に対する強制捜査が行われ、教団内部の実態が次々と明らかにされていった。

大量のサリンを散布して現在の日本を壊滅させ、その後に「真理国」と呼ばれる神聖国家を建設するというオウムの計画は、結果的に、それが実行に移される直前で阻止されることになった。しかしオウムという教団は、麻原が当初に抱いた「浄化」の手段としての最終戦争という構想、すなわち、物欲に塗れた動物的人間を粛清し、超能力を備えた神的人間を創出するという「種の入れ替え」に向けて、着実に歩みを進めていたのである。

2 九次元霊エル・カンターレの降臨——幸福の科学

†浅野和三郎の心霊主義

本書の第一章で触れたように、欧米において神智学とスピリチュアリズムは、ときに衝突を見せながらも、相互に深く影響を与え合うことによって発展を遂げた。日本ではその両者は、ともに欧米ほどの社会的な広がりを獲得するには至っていないが、欧米の状況と同様の複雑な影響関係にあったと見ることができる。そして、そのような思想的土壌から生み出されたのが、「幸福の科学」という新宗教であった。ここではまず、幸福の科学が成立する以前の歴史的経緯を確認しておこう。

日本におけるスピリチュアリズムのパイオニアと見なされているのは、浅野和三郎という人物である。一八七四年に茨城で生まれた浅野は、東京帝国大学で英文学を学び、『怪談』で知られる小泉八雲（出生名はパトリック・ラフカディオ・ハーン）から指導を受けた。大学卒業後は、横須賀の海軍機関学校で英語教官を務めている。彼は、シェイクスピア全集の翻訳に携わる他、ワシントン・アーヴィングの『スケッチブック』やチャールズ・ディケンズの『クリスマス・キャロル』といった幽霊譚の翻訳も手掛け、英米文学を通して霊の世界への関心を深めていった。

浅野にとって大きな転機となったのは、彼が四一歳のときに三男が原因不明の病にかかり、ある女行者の祈禱によってそれが治癒したことである。書斎の知識人としての自己の無力さを痛感し、祈禱師の神秘的な霊力に心を打たれた浅野は、その分野の研究に正面から取り組むことを決意する。

その過程で出会ったのが、大本教の開祖の出口なおであった。彼女との対話によって回心を遂げた浅野は、一九一六年、英文学者の地位を捨て、大本教に入信する。なおの死後は、教団を継承した出口王仁三郎の片腕として活躍し、大本教の機関誌『神霊界』の主筆を務めた。しかし浅野と王仁三郎のあいだでは、次第に見解の齟齬が目立つようになり、浅野は二一年に起こった官憲による大本教弾圧（第一次大本事件）を契機に、教団を脱退する。

大本教から離れた浅野は、二三年、東京に「心霊科学研究会」を設立し、霊的世界の探究を継続した。彼は英文学者の素養を生かし、欧米のスピリチュアリズム関連の文献を数多く翻訳する他、二八年にロンドンで開催された第三回国際スピリチュアリスト会議に出席し、世界における心霊研究の状況を積極的に日本に紹介している。

二九年には、次男の死を切っ掛けに、妻の多慶子が霊の言葉を聞き取る能力を発揮するようになった。その際に浅野は、大本教の鎮魂帰神法における「審神者（さにわ）」（神憑り（かみがかり）で発せられる巫者（ふしゃ）の言葉を解釈する者）の役を務め、『新樹の通信』や『小桜姫物語』という霊言集を公刊している。

また、浅野和三郎が神智学に関する知見を得たのは、海軍機関学校時代の同僚であるE・S・スティヴンソンを通してであった。スティヴンソンは一九一〇年、ブラヴァツキーの著作『神智学の鍵』の翻訳を出版している（邦題は『霊智学解説』）。浅野が大本教への入信を決めた際に彼は、大本が唱えている鎮魂帰神法には、世界各地に似通った例が数多く存在しており、殊更特別なものではないということを論拠に、それを思い止まるように忠告した。

浅野は、スティヴンソンの大本批判を受け入れることはなかったが、神智学自体には一定以上の評価を与えており、大本教に入信して以降も、神智学の関連書籍を読み継いでいった。彼が三四年に公刊した『神霊主義』においては、チャールズ・リードビーターやアニー・ベサントといった神智学徒の著作が参考文献として挙げられている。その著作では、根幹人種論や大師論のような神智学の主要理論は採用されていないが、エーテル体やアストラル体を基礎に置いた身体論や、宇宙を一つの高級な霊的存在と見なし、人類がそれに向けて永遠の進歩の道を歩んでいるという進化論的世界観が見られ、浅野が神智学から影響を受け続けていたことが窺える。

†高橋信次の霊体験

スピリチュアリズムと神智学を結合させることによって、新たな宗教団体を作り上げたのは、「GLA」の開祖である高橋信次という人物であった。

高橋は一九二七年に長野県佐久市に生まれ、幼少の頃から、臨死体験や幽体離脱といった神秘的な現象を数多く経験していた。第二次大戦時には航空士官として出征、戦後は日本大学工学部電気学科に学んだ。大学を卒業した高橋は、電機関係の工場を経営し、以降も基本的に、それによって生計を立てている。

その一方で彼は、幼少期の霊現象や戦争体験の影響から、死後の世界や宗教に関する探究を続けていた。ある時期には、浅野和三郎と交流の深かった小田秀人という人物が主宰する心霊主義の団体「菊花会」に出入りしていたと言われる（沼田健哉『宗教と科学のネオパラダイム』一一七頁を参照）。高橋はそのような人脈を通して、世界のスピリチュアリズムの動向について学んだと思われる。

高橋が本格的に宗教の領域に足を踏み入れる切っ掛けとなったのは、六八年七月、彼の義弟に「ワン・ツー・スリー」と名乗る霊が降りてきたことである。その霊は高橋に対し、生活上のさまざまな助言を与えるとともに、自分が高橋の指導霊であること、また高橋の守護霊として、「フォワイ・シン・ワォワイ・シンフォー」という霊が存在していることを教えた（後にこれらの霊は、モーゼとイエスの霊であることが明らかになる）。こうして高橋は、高級霊からの直接的な指導を受け始めた。また、彼の家族たちも霊の世界に目覚め、前世の記憶を回復していったのである。

†GLAの世界観

霊の世界についての高橋の教えは、徐々に周囲の関心を集めるようになり、六八年一一月には、彼を囲む「土曜会」と呼ばれる集会が結成された。会は順調に拡大し、翌年四月に「大宇宙神光会」、七〇年一二月には「GLA（God Light Association）」と会名が変更さ

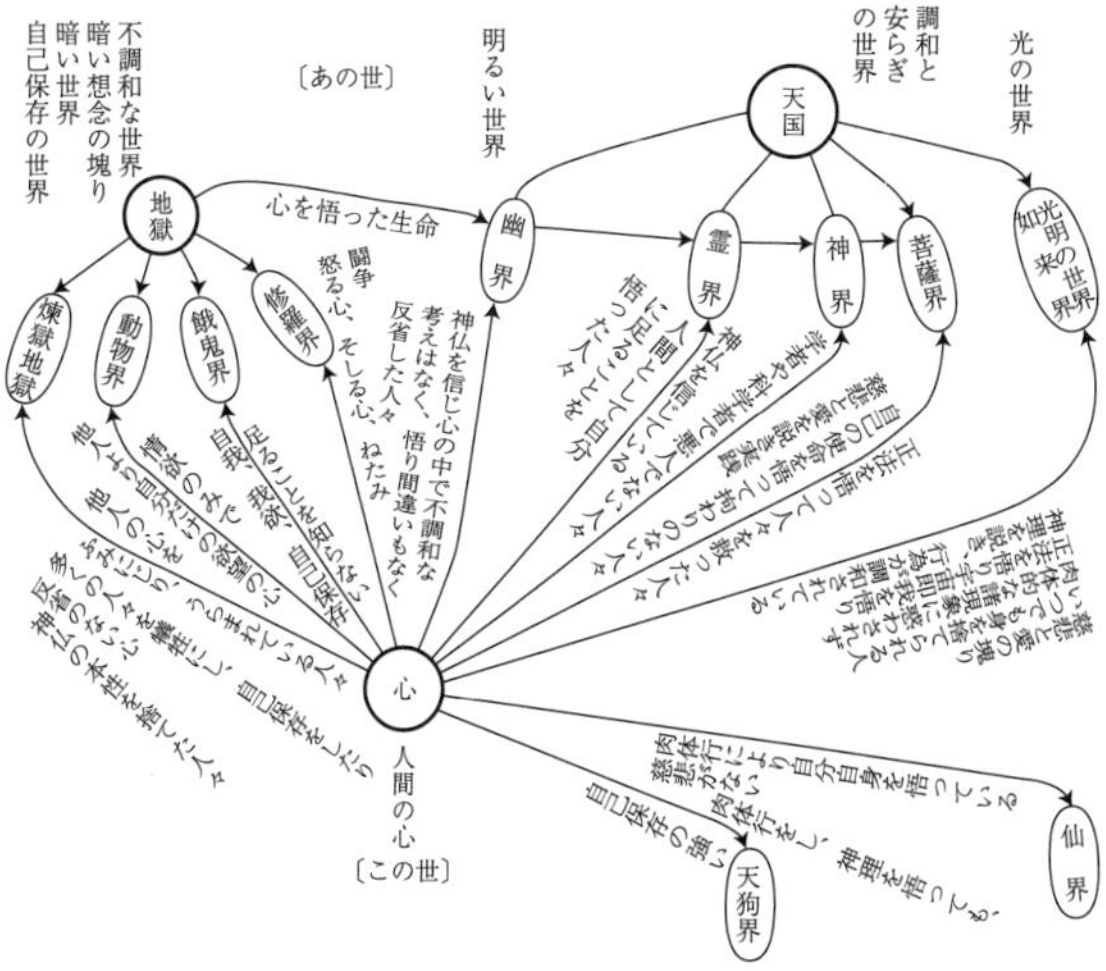

高橋信次が描き出した心の世界の構造

（『心の発見――科学篇』二四二～二四三頁）

れた。七三年には、宗教法人としての認可を受けている。

ＧＬＡの教義における基本的な考え方は、人間の心や魂が「光のエネルギー」から作られているということである。現代の人間は、物質的想念によって心が曇らされているため、自らの魂が光り輝くエネルギー体であること、それが輪廻を繰り返しながら永遠に存在し続けていることを感知しえない。しかし、仏教が教える「八正道」に従って心の働きを内省し、その曇りを取り除くとき、人は霊の世界の実在を認識しうるようになる。ＧＬＡはそれを「霊道を開く」と称した。霊道を開いた人間は、自らの過去世を見通し、高位の霊格たちと交信することが可能となるのである。

高橋によれば人間の魂は、光の性質に応じて六つの位階に区別され、それらは上位のものから、如来界・菩薩界・神界・霊界・幽界・地獄界と名づけられた。現世とは「魂の修行場」であり、肉体の死後に魂は、生前に積み上げた「業（カルマ）」に応じて、各界に転生する。

最上位の如来界は、もっとも高い心の調和度を達成した者たちが住まう世界であり、釈迦やイエス、モーゼといった「アガシャー系グループ」と呼ばれる大指導霊たちが、その地位を占めている。彼らの心は大宇宙と一体化しており、物質と霊の世界全体が、彼らによって統括されている。

その対極にある最下位の世界が地獄界であり、そこには、不調和な心や暗い想念、物質的欲望が蔓延している。金銭欲や名誉欲や性欲、あるいは恨みや妬み等の否定的情念に突き動かされて人生を送った者は、死後に地獄へ堕ち、悪霊や動物霊と化して人々に憑依することになるという。GLAの活動の目的は、人間の心から暗い想念を取り除き、その魂を輝かせて、より高い世界の住人へと成長させることであるとされる。

それでは、現在の人類は、歴史的にどのような状況に置かれているのだろうか。高橋はそれを、次のように論じている。

人類が、この地球上に天孫降臨してきた当時のそこは、他の天体より神仏の子としてこの現象界に適応した肉体舟を得てきた私達が、楽しく生活できた調和のとれた仏国土ユートピアであった。(中略)しかしその子孫は、人口増加とともに、それぞれの種族保存の自我に陥り、神仏の子であり、兄弟であることを忘れ、他の種族との争いや同族の階級闘争に明け暮れるような仏性を失った存在になって行った。やがて人類の心の不調和は黒い想念と化し、地球の表面を覆い、遂に眼耳鼻舌身意という肉体舟の虜(とりこ)となって実在界(注:霊の世界)との通信を途絶えさせてしまった。そのため実在界から多くの光の天使達が、神の子たる人間の自覚を促すため現象界に肉体を持って生まれてきたが、仏性を失った人類は、ますます闘争と破壊の業を造り出してしまった。その結果、心を悪魔に売った人類の想念は、神仏の光を失い、ムー大陸やアトランテス大陸の陥没という現象に見舞われるような事件を招くことになったのである。

(『心の発見——科学篇』二三七〜二三八頁)

高橋によれば、人類は本来的に「神仏の子」であり、他の天体から地球に降臨した際には、そこに「仏国土ユートピア」を築くことができた。ところが彼らは、次第に我欲という黒い想念の虜となり、ユートピアを喪失したばかりか、ムー大陸やアトランティス大陸の陥没という悲劇を招いてしまったのである。

高級霊たちは、人類に回心を促すため、「アガシャー系」の指導霊や天使を地上に送り込んでいる。人類は彼らから「神理」を学び、現世にユートピアを再建しなければならない。それを達成した後に人類は、調和に満ちた光のエネルギーに包まれながら、新たな別の惑星に降臨することになるという。

†アメリカの新宗教からの影響

GLAの教義では、スピリチュアリズムと神智学の他、伝統仏教や神道霊学等に由来するさまざまな教えが折衷されているが、そのもっとも大きな情報源と考えられるのは、アメリカの新興宗教団体「叡知のアガシャ聖堂（The Agasha Temple of Wisdom）」である。GLAにおける「アガシャー系霊団」という観念は、この団体の教えに由来する。

同教団は、リチャード・ゼナーという霊媒を中心に、アメリカ西海岸で一九四三年に創設された。ゼナーは、「アガシャ」という高級霊と交信することによって教義を作り上げたとされる。その概要は、ジェイムズ・クレンショーの『天と地とを結ぶ電話』(一九五〇年)という著作に記されている。

それによれば、人類の数々の文明は、アガシャ、クライオ、アモンといった「主の教師たち(Master Teachers)」の導きによって創造された。彼らは数千年前から幾度も転生を繰り返し、宗教的・政治的指導者として人々に叡知を授けてきたのである。「主の教師たち」は、神の普遍意識を体現した存在であり、人は自己の魂の内奥を探究することにより、それらの霊と交信することができる。現在の人々の意識は、「黒色低級霊」が発する暗い波動によって破壊と迷妄に引きつけられる傾向にあるが、その過ちを反省し、主の教師たちを中心とする「白色高級霊」の導きに従って、愛と調和に満ちた社会を建設しなければならない——。

以上が「叡知のアガシャ聖堂」の教義の概要であるが、そこでは、「マスターによる導き」という神智学の教えと、「高級霊との交信」というスピリチュアリズムの教えが折衷されていることが見て取れる。アメリカで乱立したニューエイジ系の新宗教においては、すでにそのような例が数多く存在しており、そしてGLAは、その教えの一つを日本に移入したと考えることができる。

†エル・ランティーを自称する高橋信次

高橋信次は七六年、四八歳の若さで死去したが、その晩年には自らを、人類や文明の創造者である「エル・ランティー」という高級霊の化身と位置づけるようになった。

高橋によれば、エル・ランティーとは、三億六四〇五年前にベーター星から地球に到来した「人類の祖」である。彼は、ミカエルを筆頭とする七人の大天使とともに地球に降り立ち、エデンの地に楽園を築いた。地球にはその後、第二の移民たちが宇宙船で飛来したが、そのなかから「神の子」としての道を踏み外す者たちが現れたため、彼らは楽園から追放されざるをえなかった。

天使の一人ルシフェルは、追放された人間たちを救済するため、自ら肉体を纏って地上界に降り立った。しかし彼は、その使命を果たすことができず、逆にサタンという名の暗黒の帝王と化してしまった。サタンの働きに対抗するため、エル・ランティーは、アガシャー系＝イエス、カンターレ系＝釈迦、モーゼ系＝モーゼという三種の分霊を生み出し、彼らを通して人類に「神理」を伝達した。現在の世界は、エル・ランティーを中心とする高級霊の勢力と、サタンを中心とする低級霊の勢力に二分されている。

長いあいだ高橋は、人間が神仏を自称することや、メシアや教祖として他人に信仰を強要することに批判的であったが、死の直前に至ってその考えを翻し、自身を「エル・ランティー」という特別な霊格の化身として位置づけたことになる。GLAにおけるカリスマ的な存在であった高橋が、唐突な宣言を残して死去したことは、その後の教団に大きな動揺をもたらした。

GLAの主宰者の地位は、長女である高橋佳子によって継承されたが、彼女は間もなく自らが大天使ミカエルであることを宣言し、『真創世記』という三部作によって独自の宗教観を詳細に展開したため、会員たちの混乱にいっそうの拍車が掛けられた（『真創世記』の執筆に当たっては、『幻魔大戦』で知られるSF作家の平井和正が大きく関与したと言われる）。その結果、幹部の多くが教団を離脱するとともに、天界に戻った高橋信次から正しい霊示を受けたと称する者が、何人も現れてきたのである。その一人が、幸福の科学の創始者・大川隆法である。

†立宗までの経歴

大川隆法（出生名は中川隆）は、一九五六年、徳島県に生まれた。少年時の大川は、学業の成績は優秀であったが、取り立てて特長もない平凡な存在であったという。父親は宗教や思想に対する関心が深く、その影響で彼は幼い頃から、四書五経や聖書、『共産党宣言』等の書物に親しんでいった。七五年には東京大学文科一類に入学、法学部で政治学を専攻した。卒業後は、総合商社のトーメンに勤務していた。

このように、エリート・コースを歩んでいた大川であったが、その内面では、社会の風潮に対する漠とした違和感と、人生における根本的な問題を見つめ直すために思想家になりたいという欲求を抱いていた。彼に大きな変化が訪れたのは、大学卒業から就職にかけての八一年のことである。その頃大川は、GLAの高橋信次や高橋佳子の著作を愛読していたが、信次の著作『心の発見――神理篇』を初めて読んだとき、自分は昔これを学んだことがあるという強烈な思いに捉えられたという。

その後、誰かが自分に話しかけようとしているという気持ちが湧き上がり、自動書記によって、日蓮の弟子の日興から「イイシラセ、イイシラセ」というメッセージを受け取る。

それを契機に、日蓮やイエス・キリスト、高橋信次の霊と交信することが可能となった。そして高橋の霊は、八一年六月、大川に対して、人類のために「救世の法」を説くように促したとされる。やがて大川は、天上界のあらゆる霊と交信することができるようになり、それをもとに八五年以降、父親の善川三朗とともに、『日蓮聖人の霊言』『キリストの霊言』『天照大神の霊言』等の霊言集を公刊していった。

八六年六月には、日蓮、イエス、天之御中主神（あめのみなかぬしのかみ）、天照大神、モーゼ、高橋信次といった神々や聖人たちの霊が次々と降下し、会社を辞めて独り立ちするよう大川に厳命した。それを受けて大川は、翌月に会社を退職、同年一〇月に「幸福の科学」を設立する。八七年六月には、教団にとっての中心的理論書である『太陽の法――新時代を照らす釈迦の啓示』が公刊された。

†エル・カンターレ崇拝の確立

初期の幸福の科学では、『高橋信次の新復活』『高橋信次のUFOと宇宙』『高橋信次の新ユートピア論』等、約二〇冊の高橋信次の霊言集が公刊されており、その教団は、GLAの分派としての性格を色濃く帯びていた。しかし、立宗から数年のあいだに教団が急成長するに従って、大川自身を中心とする体制にシフトすることが模索された。

それを明示するために行われたのが、大川の「エル・カンターレ宣言」である。先に見たように「カンターレ」という霊格は、GLAの教義においては、人類の祖である「エル・ランティー」の分霊の一つとされていたが、幸福の科学はそれを、地球霊団の最高大霊と称した。そして大川は、九一年に東京ドームで開催された「御生誕祭」において、自身をエル・カンターレの本体意識が降臨したものと位置づけたのである。

幸福の科学はその頃から、従来の宗教には見られない大規模な広告・宣伝を展開し始めたため、各種のメディアはこれを批判的な論調で報道した。それに対して教団や信者は激しく反発し、集団抗議や数々の訴訟を起こした。その後、エル・カンターレ崇拝に基づく教義と組織体制の整備が着々と進められ、九四年には、教団の主要書籍である『太陽の法』の全面改訂版が公刊されている(改訂時の書名は『新・太陽の法』とされたが、九七年に再び『太陽の法』に改題)。

九五年の地下鉄サリン事件を契機として、当時の宗教ブームは下火に向かったが、それ以降も幸福の科学は、一〇〇〇冊を超える霊言集や教典類の刊行、映画製作等を手掛け、教団の目標であるユートピア社会の実現に向けて活動を続けている。二〇〇六年には、聖なる使命を果たすエリートを育成するための「幸福の科学学園構想」を発表し、高校や大学の経営に着手した。〇九年には「幸福実現党」を結成、政治への進出を目指している。しかし一三年三月の現在まで、選挙で議席を獲得するには至っていない。

†『太陽の法』の宇宙論

幸福の科学は、現在の日本社会において広く知られている新宗教の一つであるが、それに比して、同教団の根本的な教義や歴史観は、ほとんど一般に認知されていないように思われる。果たしてそれは、どのような性質のものなのだろうか。

大川がこれまでに著した書物は膨大な数に上るが、幸福の科学の教義がもっとも凝縮して記述されているのは、『太陽の法』という著作である。次に、そこに描かれた宇宙論と文明史を見ることにしよう（同書には八七年刊の旧版と九四年刊の新版があるが、ここでは新版の記述に依拠した）。

『太陽の法』によれば、今から約一〇〇〇億年前、二〇次元の存在である「大宇宙の根本仏」は、三次元の宇宙空間を創造することを思い立ち、それを統括するための巨大霊として、一三次元の宇宙霊を創造した。この霊をもとに、一二次元の星雲意識霊、一一次元の恒星意識霊、一〇次元の惑星意識霊が生み出された。そして約四〇〇億年前、一三次元の宇宙霊の内部でビッグ・バンが起こり、三次元の宇宙空間が出現した。星雲意識霊、恒星意識霊、惑星意識霊は、そのなかに多くの星々を作り出していったのである。

三次元の宇宙に太陽系の星々が創造されたのは、今から約一〇〇億年前のことであった。そのなかで、まず金星において、最初の生命が誕生した。そして金星では、生命体を統治するための最高度の人格として、九次元大霊の「エル・ミオーレ」が創造された。エル・ミオーレは、美しい外貌と高度な知性を備えた人間を創造し、金星にユートピア社会を作り上げたのである。しかし、金星での進化はやがて限界に達し、火山の大爆発が起こることも予定されていたため、大宇宙の根本仏とエル・ミオーレは、金星人たちを「高級人霊」として他の惑星に移住させ、銀河系全体の進化に貢献させることを決定した。

その頃、地球でも、大日意識、月意識、地球意識といった霊たちによって、生命体の創造が開始されていた。三〇億年前にアメーバやプランクトンが、二六億年前には菌類が生み出された。そして六億年前から、哺乳動物を中心とする高等生物の創造が始まり、その担当者として、金星からエル・ミオーレが招かれた。エル・ミオーレは、自らの住まいとして地球に九次元霊界を作り、その際に自分の名前を「エル・カンターレ」に変更した。

エル・カンターレとは、「うるわしき光の国、地球」という意味であるとされる。

エル・カンターレは、四億年前から人類の創造に着手したが、その際に人間に関して、(1)意識レベルとしての高低の段階の差を設け、永遠に進化する場を作ること、(2)地上での生命は短期間とし、霊界とのあいだを転生輪廻させること、を定めた。すなわち、地球の霊界は、九次元＝宇宙界、八次元＝如来界、七次元＝菩薩界、六次元＝光明界、五次元＝善人界、四次元＝幽界という六つの層に区分され、人間は輪廻を繰り返しながら、その霊性のレベルを進化させてゆくのである。

人類の創造に当たって、エル・カンターレはまず、金星から優れた霊たちを呼び寄せ、「高級人類」を作り出した。その他にも、マゼラン星雲、オリオン座、ペガサス座からさまざまな性質を持った霊たちが集められ、地球の人口が増加していった。またその過程で、エル・カンターレを含め、十人の九次元霊が地球に招来され、彼らを頂点とする地球霊団の指導体制が確立したのである。

しかしながら、九次元霊の一人であるエンリルという霊格は、「祟り神」としての性格を備えていた。そのため、エンリルの部下の一人であったルシフェルは、一億二〇〇〇年前にサタンという名前で地上に生まれたとき、堕落して反逆を起こし、四次元幽界のなかに地獄界を作り上げてしまう。こうして、地球における人間の霊魂は、エル・カンターレを筆頭とする光の指導霊たちに導かれ、意識レベルを進化させてユートピア社会を築こうとする傾向と、悪魔や悪霊たちに誘われ、欲望に溺れて地獄界に堕してしまう傾向に引き裂かれることになったのである。

†諸文明の変遷

四億年前に人類が創造されて以来、地球では無数の文明が誕生しては消滅していったが、『太陽の法』では特に、「ガーナ文明」「ミュートラム文明」「ラムディア文明」「ムー文明」「アトランティス文明」という五つの文明の歴史について詳述されている。

ガーナ文明は、約七六万年前、現在のアフリカ大陸と南米大陸が結合していた場所で繁栄した。当時の人間たちは、額に「第三の眼」があり、超能力を有していたという。しかし彼らは、覇権を競うことに超能力を用い、心の次元に目を向けることはなかった。そのためガーナ文明は、大陸が二つに引き裂かれることにより崩壊してしまった。

ミュートラム文明は、約三〇万年前、現在の南極大陸に当たる場所で栄えた。当時の南極は温暖な土地であったため、農耕が盛んとなったが、食生活が人間の中心的関心事となり、魂の修行がおろそかにされた。南極は、約一五万年前に起こった地軸の移動によって寒帯に変わり、農業に適さない土地となったため、それとともに文明も滅んだ。

ラムディア文明は、約八万六〇〇〇年前、インド洋上に存在した大陸で栄えた（旧版では、ラムディアは「レムリヤ」と記述されている）。ラムディアでは、音楽や絵画等のさまざまな芸術が発展した。しかしこの大陸は、約二万七〇〇〇年前、人々が音楽に酔い痴れているときに、突如として沈没した。

ムー文明は、太平洋上に存在した大陸の上に築かれた。ムー大陸には早くから人間が住みついていたが、ラムディアからの侵略を受け、約二万八〇〇〇年前に植民地化された。ラムディア人は、ムー人を奴隷として単純生産に従事させる一方、自分たちは高尚な芸術活動に耽っていたのである。

ラムディアが黒い想念の影響によって沈没した後に、ムー文明は発展した。ムーでは、太陽光の力が重視され、エネルギーとして活用された。そして一万七〇〇〇年前に「ラ・ムー」という理想的な統治者が現れたことにより、文明は最盛期を迎えた。この人物には、エル・カンターレの意識の一部が下生していたのである。しかし、ラ・ムーの死後はその教えも徐々に廃れ、動物霊信仰の邪教がはびこり、ムー大陸も海中に没した。

アトランティス文明は、約一万六〇〇〇年前、大西洋上に存在した大陸で栄えた。アトランティスでは、ムー文明において発展していた太陽エネルギーの科学が継承され、各種の電気機械、飛行船、潜水艦等の開発が行われた。その文明は、ラ・ムーと同じく、エル・カンターレの化身である「トス」という指導者が現れたときに最盛期を迎えたが、次第に科学信仰に基づく物質偏重の魔力に染まり、神の心が見失われることになった。こうしてアトランティスもまた、黒い想念の曇りに覆われ、一昼夜にして海中に沈んだのである。

ムー大陸やアトランティス大陸の沈没を逃れた人々は、世界各地に移り住み、現在につながる諸文明を築いていった。「アモン・ラー」や「クラリオ」に導かれたエジプト文明、「リエント・アール・クラウド」という王が統治したインカ文明等がその代表である。人類の文明は、その後も興隆と衰退を幾度も繰り返した。『太陽の法』では、地球の文明史に見られる法則として、次の五点が挙げられている。

一　文明には、必ず栄枯盛衰がある。
二　神（あるいは仏）は、必ず各文明に、偉大な光の大指導霊を出した。

三　文明が最盛期を迎え、最後の光が輝いているころ、魔が競い立ち、暗い想念エネルギーの雲に人類がおおわれるようになると、地軸の変化とか、大陸の陥没という大異変が必ず起きている。

四　新しい文明は、古い文明の流れを受けつぎながらも、必ず異なった価値尺度を求める。

五　しかし、どのような文明であろうとも、人間が魂の修行のために転生輪廻の過程で必要な修行の場であったという事実にはかわりない。

（『太陽の法――エル・カンターレへの道』二八六〜二八七頁）

地球の最高大霊であるエル・カンターレはこれまで、ムー文明のラ・ムー、アトランティス文明のトス、古代インカ帝国のリエント・アール・クラウド、ギリシャのオフェアリスとヘルメス、インドの釈迦として、その意識の一部を下生させてきた。それに対して大川隆法は、エル・カンターレの本体意識が下生したものとされる。そのため現在の世界は、大川のいる日本を中心として繁栄を遂げることになる。

その後に地球では、文明の興亡がさらに何度か繰り返され、三〇世紀頃に宇宙的な文明が建設される。そして、『太陽の法』の続編である『黄金の法』によれば、魂を進化させた人々は、新たなユートピアを築くために、三一世紀から他の惑星への移住を開始することになるという。

†神智学との共通性

以上が、『太陽の法』に描かれた人類史の概略である。そこではおよそ一〇〇〇億年に及ぶ壮大な歴史が展開されているが、果たしてそれは、どのような仕方で考案されたものなのだろうか。

そのもっとも直接的な情報源が、先に触れたGLAの歴史観であることは明らかだが、その他にも、神智学を始めとして、霊性進化論の思想に属する多数の文献が参照・援用されていることが窺える。例えば、ブラヴァツキーやリードビーターによって確立された神智学の歴史観と、『太陽の法』に示された幸福の科学の歴史観のあいだには、主なもののみに着目しても、次のような類似点が存在する。

(1) 宇宙全体は一つの高度な意識体であり、そこから恒星や惑星の霊が派生していった。

そして太陽系の星々は、「太陽神」や「太陽系霊」と呼ばれる霊格によって創造された。

(2) 地球における諸文明は、一定の周期に従って栄枯盛衰を繰り返している。それに伴い、レムリアやアトランティスといった大陸の隆起や沈没が生じた。

(3) 各文明は、高次元の霊的存在によって統括・指導されている。神智学においてそれは「白色同胞団の大師」と呼ばれ、幸福の科学では「九次元霊」と呼ばれる。

(4) 現在の地球の頂点に位置する霊格は、金星から到来した。神智学ではそれは「サナート・クマーラ」と呼ばれ、幸福の科学では「エル・カンターレ」と呼ばれる。

(5) かつて人間には「第三の眼」があり、超能力を行使することができたが、歴史の過程でそれを喪失してしまった。

(6) ルシファーの反逆によって、「光の霊」に対立する「闇の霊」が生まれた。人類の文明は、光の霊に導かれることによって繁栄を遂げる一方、闇の霊に支配されることによって破局を迎える。

本書においてこれまで概観してきたように、霊性進化論は、ブラヴァツキーの『シークレット・ドクトリン』によって端緒を開かれて以来、きわめて多様なそのヴァリエーションを生み出してきた。そして、『太陽の法』を始めとする大川の著作は、神智学やニューエイジ関連の書物を情報源とすることによって組み立てられた、日本的なヴァリエーションの一つとして理解することができる。

†神霊政治学とユートピア建設

幸福の科学が公刊した教典類は膨大な数に上り、教団による活動も多岐にわたるが、それらは根本的に、きわめて単純な二元論的志向から成り立っている。すなわち、光の指導霊に従うことによって人間の霊性を進化させ、ユートピア社会を建設するという方向性と、人間を堕落させ、文明を破局に導く悪霊の働きを退けるという方向性である。まずは、前者について見よう。

ユートピア社会の建設を目指す幸福の科学の活動にとって、現時点におけるそのもっとも直接的な手段は、幸福実現党による政治への進出である。同党の基本政策には、外交政策や雇用政策等の他、「神仏を尊ぶ心を大切にする」という「宗教立国政策」が掲げられている。その内容は、社会に無神論や唯物論が広がり、善悪の判断や規範意識が大きく揺らいでいる現状に対して、「神仏の国」としての自覚を復権させ、国家の気概を取り戻すこととされているが、果たして幸福の科学の基本的な政治観とは、どのようなものなのだろうか。

その原型は、やはり『太陽の法』のなかに記されている。先に見たようにこの書物には、今から約一万七〇〇〇年前のムー大陸に、エル・カンターレが下生した「ラ・ムー」という人物が現れ、理想的な政治を行ったという出来事が描かれている。それによれば、ラ・ムーの政治手法は次のようなものであった。

ラ・ムーの時代には、宗教と政治が分離されることはありませんでした。最高の宗教は、すなわち、最高の政治であり、最高の宗教家は、すなわち、最高の政治家だったのです。これも、よく考えてみれば、確かにわかることであり、人間が、神からわかれてきたものであるならば、その地上の人間を統治するのは、もっとも神近き人、すなわち、大宗教家が担当するのは、当然のことだといえます。ラ・ムーは、毎夜、神殿でひざまずいては、高級霊たちと心のなかで対話し、国政の基本的方針についての判断をあおいでおりました。これは、まさしく政治の原点だといえます。なぜならば、政治とは、人間をおさめる技術であり、為政者のあやまちは、ただその人ひとりの問題ではなく、国民すべての生死を左右し、国民すべての魂を下落させることを意味したからです。人間心で、そうした重大事を判断することは、見方によっては、たいへん傲慢であり、非常に増上慢なのです。政治の原点は、ここにこそあったのです。すなわち、神の前に謙虚になり、心静かに、心むなしゅうして、神の声を聞くということです。神の言葉に耳をかたむけるということです。(『太陽の法――エル・カンターレへの道』二六七〜二六八頁)

このように、宗教と政治が一致し、「神近き人」が「神の声を聞く」ことによって国政を決定する体制こそが、大川が提示する理想の政治のあり方である。それが遥かな過去の話というだけではなく、現代においても追求されるべきであることは、一九八九年公刊の『幸福の科学原論②』という書物に示されている。

この書物における大川の言葉によれば、政治と宗教が本来的に一つのものであること、神の心に基づき、神近き人が政治に携わるべきであることは、誰にも変えられない「不動の真理」である。同書ではこうした政治思想が、「理念政治学」あるいは「神霊政治学」と称されている。そして当時の大川は、幸福の科学の活動によって数年のうちに「宗教改革」を成し遂げ、次に「経済改革」に着手し、遅くとも十年以内には「政治改革」に踏み込み、憲法を改正することを目標として掲げている。

その後、大川の目標が順調に達成されていったとは思われないが、ともあれ幸福の科学は、二〇〇九年五月に幸福実現党を結成、大川は自らを「国師」と称し、かねてからの念願であった政治進出に着手した。その翌月には、一六の条文から成る「新・日本国憲法試案」を発表している。

かつて大川が語っていた理想的な政治のあり方に対しては、「特定イデオロギーに凝り固まった専制的な全体主義政治以外の何物でもない」(有田芳生『「幸福の科学」を科学する』一九二頁)という批判がすでに寄せられていたため、同憲法試案においては、政教一致の神権政治を思わせる要素は、極力排されている。しかしながら、国民や国家が「神仏の心」によって基礎づけられると定められていること、また、国政の頂点に立つ存在として大統領制が導入され、その権力を制限する機構が事実上存在していないことなど、かつての大川の理想に沿う形で条文が組み立てられていることが見て取れる。

霊性進化論の宗教思想に見られる基本的な考え方とは、霊格の高い者が低い者を教え導くことにより、世界には正しい秩序が形成されるというものである。それを幸福の科学の教義に照らして言えば、九次元霊エル・カンターレの本体が下生した存在である大川自身が政治的指導者に就任することにより、日本にはユートピア社会が実現するという結論が導かれるのである。

†悪魔論の発展

幸福の科学の教義においては、世界を教導する光の霊について論じられる一方、その働きを妨げる闇の霊、すなわち、悪魔や悪霊についても積極的に語られている。幸福の科学によって、悪魔に取り憑かれていると指弾される対象は、そのほとんどが、教団を批判したメディアや、何らかの理由で教団と対立するようになった団体や個人であるが、そもそも同教団の世界観において、悪魔とはどのような位置を占める存在なのだろうか。最後に、その教義における悪魔論の発展について整理しておこう。

八七年に公刊された旧版の『太陽の法』によれば、地球における悪魔的存在の起源は、天使ルシフェルの反逆にあり、そしてルシフェルは、九次元霊の一人である「エル・ランティ」の配下にあった者とされる。先に見たようにエル・ランティとは、GLAの創始者である高橋信次が自称した霊格であり、またGLAの教義においてもルシフェルは、かつてエル・ランティの配下にいた天使の一人とされていた。このように、幸福の科学の初期の世界観や悪魔論は、GLAのそれに倣っていたのである。

ところが、幸福の科学という教団が、GLAの分派という性格の体制から、エル・カンターレ＝大川隆法を中心とする独自の宗教団体へと変化するにつれて、エル・ランティという霊格に対する解釈も変化していった。

九四年に公刊された新版の『太陽の法』においては、エル・ランティの存在は完全に抹消され、その代わりとして、古代シュメールの神である「エンリル」という霊格が登場している。新版『太陽の法』の記述によれば、エンリルは九次元霊の一人であるが、彼は世界の「裏側」を支配する神であり、その系統からは、さまざまな荒神（こうじん）や祟り神、ルシフェルのような悪魔、天狗や仙人といった邪術を操る者たちが生み出された。また、高橋信次に対しても、九次元霊エル・ランティの化身から、エンリルの系統に属する仙人や呪術者へと位置づけが変更されている。そして大川は、GLAの正体は「原始釈迦教団を偽装した仙人教団であった」（同書三五六頁）と述べる。このように、かつて大川が多大な影響を受けた高橋信次やGLAは、霊界の「裏側」に住まう悪魔的存在に格下げされてしまったのである。

近年の大川は、宇宙人に関する理論を積極的に展開しているが、そのなかではエンリルという神に対して、さらに特殊な性質が付与されている。それによればエンリルの正体は、宇宙から飛来した「爬虫類型の異星人」である。大川はエンリルからの霊言として、次のような言葉を記している。

エンリルである私は、今あなたがたには一部知られておりますす爬虫類型宇宙人、いわゆる「レプタリアン」です。外見は爬虫類の仲間にすぎませんが、もともと、知能的には、地球人類から見れば、最高度に発展した現在の文明よりも、さらに千年は進んでおります。われらは、家畜を飼うように、地球人類を、遺伝子操作でつくり、生み出し、育て、見守ってきました。われらの姿は、数多くの古代文書や粘土板、遺跡等にも記録されております。その姿はというと、大きな目と猛禽類のような指、尖った耳があり、さらに尻尾が生えております。この姿のままであると地球人類が怖がるので、われらは、自分たちのダミーとして、一種のサイボーグを使っています。「グレイ」と呼ばれている宇宙人、百二十センチぐらいの身長で、誰もが同じ顔をした、アーモンド型の黒い目の宇宙人を、ロボット代わりに使って、地球人の前で数多く姿を現しておりますけれども、それは、われわれの代理人であって、われわれの本性、本体はレプタリアンです。

（『「宇宙の法」入門』二一一〜二一三頁）

二〇一一年に公刊された『レプタリアンの逆襲』という二巻本は、大川が幸福の科学の会員たちを霊視し、過去世においてレプタリアンであった者を探し出すという内容の書物である。それによって得られた情報によれば、多くのレプタリアンは爬虫類の外観を持つが、その他にも、さまざまな動物に類似した者たちが存在する。キングコング、天狗、河童といった数々の伝説上の生物は、各種のレプタリアンの姿をもとに考案されたのである。

レプタリアンの出身星や性格は多種多様だが、彼ら全般に共通しているのは、獰猛にして狡猾な性格を持ち、弱者を食い物にすることである。現代社会で彼らの能力は、企業間の競争や科学技術の開発において積極的に活用されているという。

かつて神々に対する反逆を起こし、地獄界を作り上げることになった堕天使ルシフェルも、レプタリアンの一人であった。悪魔を含むさまざまなレプタリアンたちは、我欲と闘争の原理に立脚し、世界に紛争の種を撒き散らしている。彼らは「裏宇宙」を住処としており、その領域の最内奥には、「アーリマン」と呼ばれる邪神の首領が君臨しているとされる。

レプタリアンに関する大川の思弁は、一見したところきわめて奇異なものに映るが、オカルティズムの世界的状況を視野に入れれば、むしろありふれたものであることが理解される。前章で触れたように、デーヴィッド・アイクが一九九九年に『大いなる秘密』を公刊して以降、「爬虫類人陰謀論」は世界中で流行しており、大川の宇宙人論は明らかに、それを翻案することによって組み上げられているからである。

また、邪神の首領がアーリマンと名指されることに対しては、ルドルフ・シュタイナーの著作からの影響が窺える。第一章で見たように、シュタイナーはアーリマンを「ダーウィン主義の偉大なる教師」と呼び、弱肉強食による進化の原理を広めることにより、人間に内在する神の資質を曇らせてしまう存在と位置づけた。そしてそれを、キリストによる霊性進化の原理と対峙させたのである。

大川もまた、シュタイナーと同様、レプタリアンの依拠する原理を動物的進化と捉え、それに対抗するために、エル・カンターレ信仰に基づく愛と調和による霊的進化の重要性を説いている。総じて言えば、動物的進化と霊的進化の対立というこうした二元論の枠組みは、ダーウィンの進化論に抗して霊性の進化論を構築することを企図したかつてのブラヴァツキーの着想を、飽くことなく反復したものなのである。

おわりに

本書では、一九世紀半ばから現在に至る宗教思想において、「霊性進化論」と呼びうる一定の潮流が存在しているということを、いくつかの例を参照しながら論じてきた。

その根底にある観念は、文字通り、「人間の霊は永遠に進化し続ける」といういうきわめて単純なものである。しかし、そうした単純な観念の上には、霊的人種論や超古代史、宇宙人論やその陰謀論など、耳を疑うような奇想の数々が吸い寄せられてくることになる。霊性進化論の思想史をある程度丹念に辿ってゆけば、そのような発想が生み出される理由をおおよそ了解することができるのだが、予備的な知識もなく不意にそのような思想に触れた者にとっては、まさに異次元の存在が突如として目の前に立ち現れたという印象を受けても不思議ではないだろう。その世界観は、いかがわしさと同程度の魅力とリアリティを、確かに放っているのである。

最後に、あらためて問いを立てておこう。霊性進化論は、どのような理由で歴史に登場したのだろうか。また、それが少なくない人々に受容されるのは何故だろうか。

この問いに対する答えを見出すためには、近代においてダーウィンの進化論が及ぼした広範な影響力について認識しておく必要がある。なぜなら霊性進化論は、生物学的な進化論に対する共鳴と反発によって生み出された、その歪んだ「変種」と見なしうるからである。

人間を始めとするさまざまな生物が、神によって設計・創造されたものではなく、突然変異と自然淘汰のメカニズムによって内発的に出現したとする進化論の概念は、それまでの社会において支配的であったキリスト教的世界観に対して、きわめて大きな打撃を与えた。キリスト教の世界観は、すでに地動説によって最初の打撃を受け、その理論によって地球は、宇宙の中心としての地位を追われることになったが、さらに進化論によって人間は、神によって地上の支配者として創造された特別な存在という地位から追われることになったのである。

近代以降、急速に発展し始めた諸科学の知見は、キリスト教を含む伝統的な諸宗教の学知を、前時代的な「迷信」の寄せ集めに変えてしまった。また近代においては、従来の静態的な社会構造が崩れ、常に変化し進歩する動態的な構造がそれに取って代わった。

そして、そのような状況において進化論は、生物学の一理論という範疇を超え、近代全体にとっての支配的なイデオロギーとなっていった。すなわち、生物のみならず、人間の社会や文化を含め、あらゆる存在が何らかの方向を目指して「進化」する過程にあると考えられるようになったのである。いわゆる「社会進化論」や「社会ダーウィニズム」といった理論は、その代表的な例の一つである。

近代の諸原理の下で、社会は急速な発展を遂げることができたが、しかしそれが、あらゆる人間に対して十分な満足をもたらしたというわけではなかった。宗教に基づく旧来の世界観や倫理観が空洞化したこと、また、社会が過度に複雑化し流動化したことによって、人々はしばしば、自己のアイデンティティの基盤を見失うことになったのである。社会学者のマックス・ウェーバーは、『職業としての学問』（一九一九年）という著作において次のように述懐している。現代の文明は「無限の進歩」を前提としているため、現代人は必然的に、進歩の過程の途中で死を迎えざるをえない。ゆえに、彼にとって自己の生は、常に不満足で無意味なものに映ってしまう、と。言わば現代人は、無限に続く物質的な進化の歩みのなかで、自らの「魂」の所在を見失ってしまうのである。

このような状況に置かれた現代人にとって、霊性進化論の発想は、ほとんど唯一の福音とも思われるほどに、優れて魅惑的に響く。肉体が潰えた後も霊魂が存続し、輪廻転生を繰り返しながら永遠に成長を続けることによって、人間は世界の進化と歩みをともにすることができると考えられるからである。

また、近代科学の影響によっていったんは打ち捨てられた諸宗教の知恵を、霊性進化という観点から再解釈し、その価値を再発見することも可能となる。これまでの歴史において、世界にはさまざまな宗教が現れ、ときに相互に衝突してきたが、それらが共通して指し示しているのは、人間が自らの霊を進化させることにより、神に近づくことができるという普遍的真理であった。宗教のなかに隠された叡知が露わになるとき、宗教と科学の対立は超克され、両者の融合が達成される。人間社会はそうした叡知によって、神的なユートピアへと変貌することになるだろう——。

人間を単なる物質的存在と捉えるのではなく、その本質が霊的次元にあることを認識し、絶えざる反省と研鑽を通じて、自らの霊性を進化・向上させてゆくこと。それが霊性進化論の「正」の側面であるとすれば、しかしこの思考法は、その裏面に強烈な「負」の側面を隠し持っている。端的に言えば、霊性進化論は往々にして、純然たる誇大妄想の体系に帰着してしまうのである。そうした負の側面について、特に三点を指摘しておこう。

（1）霊的エリート主義の形成

霊性進化論においては、人間の有する霊性が実体的なものとして捉えられ、しばしばその性質に対して、レベルや種別の区分が設定される。そして霊性進化論の信奉者たちは、その思想に慣れ親しむうちに、自分こそは他の人々に先んじて高度な霊性に到達した人間であると考えるようになる。また、その集団においては、最高度の霊格の持ち主と見なされる人物が「神の化身」として崇拝され、他の成員たちは、彼の意思に全面的に服従することを要請される。それとは対極的に、集団の思想を理解しない者、その体制や運動を批判する者に対しては、「霊性のレベルが低い」「低級霊や悪魔に取り憑かれている」「動物的存在に堕している」といった差別意識が向けられ、しばしば攻撃が実行される。

（2）被害妄想の昂進

霊性進化論の諸思想は、その端緒においては、目に見えない世界の法則をついに探り当てたという喜びと昂奮によって、楽観的な姿勢で運動を拡大させる。しかし、その思想や団体が社会的に認知され、一定の批判を受けるようになると、彼らの思考は急激に「被害妄想」へと反転する。すなわち、目に見えない闇の勢力によって自分たちは攻撃・迫害を受けており、真理を隠蔽されようとしていると思い込むのである。その論理はしばしば、闇の勢力が広範囲にわたるネットワークを形成しており、人々の意識を密かにコントロールしているという、陰謀論の体系にまで発展する。

(3) 偽史の膨張

霊性進化論は、「人間の霊魂は死後も永遠に存続する」というプリミティブな観念を、近代の科学的な自然史や宇宙論のなかに持ち込もうとする。その結果、地球上に人類が登場する前から、さらには地球が誕生する前から、人間の霊魂がすでに存在していたという奇妙な着想が引き寄せられることになる。そしてこのような論理から、人類は地球に到来する前に別の惑星で文明を築いていた、あるいは、有史以前にすでに科学文明を発達させていたなど、超古代史的な妄想が際限なく膨張してゆくのである。歴史は、光の勢力と闇の勢力が永劫にわたって抗争を続ける舞台となり、両者の決着が付けられる契機として、終末論や最終戦争論が説かれることもある。

これまでの議論を総括すれば、霊性進化論とは、近代において宗教と科学のあいだに生じた亀裂に対し、その亀裂を生み出す大きな原因となった「進化」という科学的概念を宗教の領域に大胆に導入することにより、両者を再び融合させようとする試みであったと理解することができる。

本書において、約一五〇年のあいだに生み出された霊性進化論の数々のヴァリエーションを概観してきた今、その理論が実際には、妄想の体系以外のものを生みだしえないということを、もはや結論して良いと思われる。しかし、果たしてわれわれは、その思想を一笑に付して済ますことが許されるだろうか。それもまた、余りに一面的な短見と言わなければならないだろう。なぜなら、宗教と科学のあいだに開いた亀裂、すなわち、科学的世界観や物質主義的価値観のみで社会を持続的に運営することが本当に可能なのか、長い歴史において人間の生を支え続けた過去の宗教的遺産を今日どのように継承するべきかといった、霊性進化論を生み出す要因となった問題は、根本的な解を示されないまま、今もなおわれわれの眼前に差し向けられているからである。

主要参考資料一覧

【はじめに】

上祐史浩＋大田俊寛「オウム真理教を超克する――その魅力と陥穽をめぐって」（『ａｔプラス』13号）太田出版、二〇一二年

ＮＨＫ『未解決事件　Ｆｉｌｅ．02　オウム真理教』二〇一二年五月二六日・二七日放送（映像資料）

【第一章　神智学の展開】

1　神智学の秘密教義――ブラヴァツキー夫人

ハワード・マーフェット『Ｈ・Ｐ・ブラヴァツキー夫人――近代オカルティズムの母』竜王文庫、田中恵美子訳、一九八一年

ピーター・ワシントン『神秘主義への扉――現代オカルティズムはどこから来たか』中央公論新社、白幡節子＋門田俊夫訳、一九九九年

近代ピラミッド協会編『オカルト・ムーヴメント――近代隠秘学運動史』創林社、一九八六年

デボラ・ブラム『幽霊を捕まえようとした科学者たち』文春文庫、鈴木恵訳、二〇一〇年

アルフレッド・R・ウォーレス『心霊と進化と――奇跡と近代スピリチュアリズム』潮文社、近藤千雄訳、一九八五年

H. P. Blavatsky, *The Secret Doctrine, The Synthesis of Science, Religion, and Philosophy*, 2 vols. The Theosophical Publishing Company, 1888

ヘレナ・P・ブラヴァツキー『シークレット・ドクトリンを読む』出帆新社、東條真人訳、二〇〇一年
H・P・ブラヴァツキー『シークレット・ドクトリン――宇宙発生論』（上巻）神智学協会ニッポン・ロッジ、田中恵美子＋ジェフ・クラーク訳、一九八九年

2　大師のハイアラーキー――チャールズ・リードビーター

C・W・リードビーター『チャクラ』平河出版社、本山博＋湯浅泰雄訳、一九七八年
C・W・リードビーター『透視力』竜王文庫、田中恵美子訳、一九七八年
C・W・リードビーター『見えざる助力者』竜王文庫、田中恵美子訳、一九七八年
C・W・リードビーター『大師とその道』竜王文庫、一九八五年
C・W・リードビーター『神智学入門――未来人への精神ガイド』たま出版、宮崎直樹訳、一九九〇年
吉村正和『図説　フリーメイソン』河出書房新社、二〇一〇年

3　キリストとアーリマンの相克――ルドルフ・シュタイナー

ルドルフ・シュタイナー『神秘学概論』ちくま学芸文庫、高橋巖訳、一九九八年
ルドルフ・シュタイナー『民族魂の使命』イザラ書房、西川隆範訳、一九九二年
ルドルフ・シュタイナー『悪の秘儀――アーリマンとルシファー』イザラ書房、松浦賢訳、一九九五年
ルドルフ・シュタイナー『天使と人間』イザラ書房、松浦賢訳、一九九五年
R・シュタイナー『アカシャ年代記より』国書刊行会、高橋巖訳、一九九四年
西平直『シュタイナー入門』講談社現代新書、一九九九年

4　神人としてのアーリア人種――アリオゾフィ

寺田和夫『人種とは何か』岩波新書、一九六七年

津田元一郎『アーリアンとは何か――その虚構と真実』人文書院、一九九〇年
杉本良男「比較による真理の追求――マックス・ミュラーとマダム・ブラヴァツキー」(出口顯+三尾稔編『人類学的比較再考』国立民族学博物館調査報告№90)、二〇一〇年
Nicholas Goodrick-Clarke, *The Occult Roots of Nazism: Secret Aryan Cults and Their Influence on Nazi Ideology*, Tauris Parke Paperbacks, 2003
横山茂雄『聖別された肉体――オカルト人種論とナチズム』書肆風の薔薇、一九九〇年
S・V・シュヌーアバイン『現代社会のカルト運動――ネオゲルマン異教』恒星社厚生閣、池田昭編、浅野洋+伊藤勉訳、二〇〇一年
ジョスリン・ゴドウィン『北極の神秘主義――極地の神話・科学・象徴性、ナチズムをめぐって』工作舎、松田和也訳、一九九五年
ノーマン・コーン『ユダヤ人世界征服陰謀の神話　シオン賢者の議定書』ダイナミックセラーズ、内田樹訳、一九八六年
ラビ・アブラハム・クーパー+スティーヴン・レオナルド・ジェイコブス+マーク・ワイツマン『「シオン長老の議定書」の大嘘』徳間書店、滝川義人訳、二〇〇八年
アルフレート・ローゼンベルク『二十世紀の神話』中央公論社、吹田順助+上村清延訳、一九三八年
谷喬夫著『ヒムラーとヒトラー――氷のユートピア』講談社選書メチエ、二〇〇〇年
アドルフ・ヒトラー『わが闘争』(上下巻) 角川文庫、平野一郎+将積茂訳、一九七三年
ヘルマン・ラウシュニング『永遠なるヒトラー』八幡書店、船戸満之訳、一九八六年
キャトリーン・クレイ+マイケル・リープマン『ナチスドイツ支配民族創出計画』現代書館、柴崎昭則訳、一九九七年

【第二章　米英のポップ・オカルティズム】

1　輪廻転生と超古代史――エドガー・ケイシー

トマス・サグルー『永遠のエドガー・ケイシー』たま出版、光田秀訳、一九九四年
ジナ・サーミナラ『転生の秘密』たま出版、多賀瑛訳、一九八五年
エドガー・エヴァンズ・ケイシー『アトランティス物語――「失われた帝国」の全貌』中央アート出版社、林陽訳、二〇〇二年
マリー・エレン・カーター『エドガー・ケイシーのアカシック大予言』たま出版、大自然界訳、浜野永三監修、一九九七年
W・H・チャーチ『エドガー・ケイシー　魂の進化――魂の起源からその運命まで、進化する魂の足跡をたどる』中央アート出版社、石原佳代子訳、一九九六年
マーク・レーナー『エドガー・ケイシーのエジプト超古代への挑戦』中央アート出版社、林陽訳、一九八八年
カーク・ネルソン『エドガー・ケイシー1998最終シナリオ』たま出版、光田秀訳、一九九一年
サンマーク出版編集部『エドガー・ケイシーのすべて』サンマーク出版、一九九九年
シャーリー・マクレーン『アウト・オン・ア・リム――愛さえも越えて』地湧社、山川紘矢+山川亜希子訳、一九八六年
ブライアン・L・ワイス『前世療法――米国精神科医が体験した輪廻転生の神秘』PHP文庫、山川紘矢+山川亜希子訳、一九九六年
グラハム・ハンコック『神々の指紋』(上下巻)小学館文庫、大地舜訳、一九九九年

2　UFOと宇宙の哲学――ジョージ・アダムスキー
ジョージ・アダムスキー『ロイヤル・オーダー』たま出版、藤原忍訳、一九八四年
ジョージ・アダムスキー『第2惑星からの地球訪問者』中央アート出版社、久保田八郎訳、一九九一年
ジョージ・アダムスキー『超能力開発法』中央アート出版社、久保田八郎訳、一九九〇年
ジョージ・アダムスキー『UFO問答100』中央アート出版社、久保田八郎訳、一九九〇年

ジョージ・アダムスキー『金星・土星探訪記』中央アート出版社、久保田八郎訳、一九九〇年
ジョージ・アダムスキー『UFOの謎』中央アート出版社、久保田八郎訳、一九九〇年
ジョージ・アダムスキー『UFO・人間・宇宙』中央アート出版社、久保田八郎訳、一九九一年
皆神龍太郎『UFO学入門——伝説と真相』楽工社、二〇〇八年
吉永進一「円盤に乗ったメシア——コンタクティたちのオカルト史」(一柳廣孝編『オカルトの帝国』)青弓社、二〇〇六年
稲生平太郎『何かが空を飛んでいる』新人物往来社、一九九二年

3 マヤ暦が示す二〇一二年の終末——ホゼ・アグエイアス

ホゼ・アグエイアス『マヤン・ファクター——テクノロジーを超えた道』ヴォイス、高橋徹+滝元隆伸訳、一九九九年
ホゼ・アグエイアス『時空のサーファー』モデラート、住倉良樹+椎原美樹訳、二〇〇五年
ホゼ・アグエイアス『アルクトゥルス・プローブ——銀河連盟と現在進行中の調査、及びその物語』たま出版、高橋徹訳、一九九六年
ホゼ&ロイディーン・アグエイアス『「新しい時間」の発見　甦るマヤの預言——人類はなぜ〝偽りの時間〟の中にいるのか』風雲舎、高橋徹訳、一九九七年
ステファニー・サウス『2012年への進化——ホゼ・アグエイアス伝記』三五館、井元悦子訳、二〇〇九年

4 爬虫類人陰謀論——デーヴィッド・アイク

デーヴィッド・アイク『超陰謀 粉砕篇——テロ・戦争・世界の警察・金融支配』徳間書店、石神龍訳、二〇〇三年
デーヴィッド・アイク『大いなる秘密』(上下巻)三交社、太田龍訳、二〇〇〇年
デーヴィッド・アイク『竜であり蛇であるわれらが神々』(上下巻)徳間書店、安永絹江訳、二〇〇七年
デーヴィッド・アイク+江本勝『さあ5次元の波動へ　宇宙の仕組みがこう変わります』徳間書店、二〇〇七年

マイケル・バーカン『現代アメリカの陰謀論――黙示録・秘密結社・ユダヤ人・異星人』三交社、林和彦訳、二〇〇四年
ゼカリア・シッチン『ネフィリムとアヌンナキ――人類を創成した宇宙人』徳間書店、竹内慧訳、一九九五年
並木伸一郎『未確認飛行物体UFO大全』学研パブリッシング、二〇一〇年

【第三章　日本の新宗教】

1　日本シャンバラ化計画――オウム真理教

三浦関造『真理の太陽』竜王文庫、一九五四年
三浦関造『輝く神智』竜王文庫、一九五四年
三浦関造『聖シャンバラ』竜王文庫、一九五六年
三浦関造『神の化身』竜王文庫、一九六〇年
吉永進一「近代日本における神智学思想の歴史」(『宗教研究』No.365)日本宗教学会、二〇一〇年
本山博『宗教経験の世界』宗教心理学研究所出版部、一九六三年
本山博『密教ヨーガ――タントラヨーガの本質と秘法』池田書店、一九七八年
本山博『宗教の進化と科学――世界宗教への道』宗教心理出版、一九八三年
本山博『呪術・オカルト・隠された神秘――心の成長と霊の進化の宗教学』名著刊行会、一九八九年
桐山靖雄『変身の原理――密教・その持つ秘密神通力』文一出版、一九七一年
桐山靖雄『密教――超能力の秘密』平河出版社、一九七二年
桐山靖雄『一九九九年カルマと霊障からの脱出』平河出版社、一九八一年
廣野隆憲『阿含宗の研究――桐山密教の内実』東方出版、一九九二年
高井志生海「最終的な理想国を築くために神をめざす超能力者」(『トワイライトゾーン』一九八五年一〇月号)KKワールドフォトプレス、一九八五年

麻原彰晃『超能力「秘密の開発法」——すべてが思いのままになる！』大和出版、一九八六年
麻原彰晃『生死を超える——絶対幸福の鍵を解く!!』オウム出版、一九八六年
麻原彰晃『イニシエーション』オウム出版、一九八七年
麻原彰晃『滅亡の日——麻原彰晃「黙示録大預言」の秘密のベールを剝ぐ』オウム出版、一九八九年
麻原彰晃『滅亡から虚空へ　続・滅亡の日——麻原彰晃の「黙示録大預言」完全解読』オウム出版、一九八九年
麻原彰晃『ヴァジラヤーナコース　教学システム教本』（オウム真理教内部資料）
江川紹子『救世主の野望——オウム真理教を追って』教育史料出版会、一九九一年
早川紀代秀＋川村邦光『私にとってオウムとは何だったのか』ポプラ社、二〇〇五年
林郁夫『オウムと私』文藝春秋、一九九八年
上祐史浩『オウム事件　17年目の告白』扶桑社、二〇一二年
野田成人『革命か戦争か——オウムはグローバル資本主義への警鐘だった』サイゾー、二〇一〇年
宗形真紀子『二十歳からの20年間——〝オウムの青春〟の魔境を超えて』三五館、二〇一〇年
辻隆太朗「オウム真理教と陰謀論」（宗教情報リサーチセンター編『情報時代のオウム真理教』）春秋社、二〇一一年
大田俊寛『オウム真理教の精神史——ロマン主義・全体主義・原理主義』春秋社、二〇一一年

2　九次元霊エル・カンターレの降臨——幸福の科学

浅野和三郎『神霊主義——心霊科学からスピリチュアリズムへ』でくのぼう出版、二〇〇三年
三浦清宏『近代スピリチュアリズムの歴史——心霊研究から超心理学へ』講談社、二〇〇八年
鎌田東二『神界のフィールドワーク——霊学と民俗学の生成』ちくま学芸文庫、一九九九年
高橋信次『心の発見——神理篇』三宝出版、一九七一年
高橋信次『心の発見——科学篇』三宝出版、一九七一年
高橋信次『心の発見——現証篇』三宝出版、一九七三年

高橋信次『悪霊Ⅰ――あなたの心も狙われている』三宝出版、一九七五年
高橋信次『悪霊Ⅱ――心がつくる恐怖の世界』三宝出版、一九七五年
高橋佳子『真創世記　地獄編――今、明かされた魂の真実』祥伝社、一九七七年
高橋佳子『真創世記　天上編――すべての真実を、今ここに』祥伝社、一九七七年
高橋佳子『真創世記　黙示編――永遠の生命にいたるために』祥伝社、一九七八年
J・クレンショー『天と地とを結ぶ電話――まさに来たらんとする時代の予言』（谷口清超宗教論集4）日本教文社、谷口清超訳、一九七一年
沼田健哉『宗教と科学のネオパラダイム――新新宗教を中心として』創元社、一九九五年
沼田健哉「GLA総合本部――稀代の霊能者・高橋信次と現代の女神・高橋佳子のもとに集う人々」（清水雅人編『新宗教時代2』）大蔵出版、一九九四年
大川隆法『太陽の法――新時代を照らす釈迦の啓示』土屋書店、一九八七年
大川隆法『太陽の法――エル・カンターレへの道』幸福の科学出版、一九九七年
大川隆法『黄金の法――エル・カンターレの歴史観』幸福の科学出版、一九九七年
大川隆法『永遠の法――エル・カンターレの世界観』幸福の科学出版、一九九七年
大川隆法『幸福の科学原論②』幸福の科学出版、一九八九年
大川隆法『平凡からの出発――独立する精神の軌跡』角川文庫、一九九一年
大川隆法『幸福実現党宣言――この国の未来をデザインする』幸福の科学出版、二〇〇九年
大川隆法『新・日本国憲法試案――幸福実現党宣言④』幸福の科学出版、二〇〇九年
大川隆法『「宇宙の法」入門――宇宙人とUFOの真実』幸福の科学出版、二〇一〇年
大川隆法『宇宙人との対話――地球で生きる宇宙人の告白』幸福の科学出版、二〇一〇年
大川隆法『エクソシスト入門――実録・悪魔との対話』幸福の科学出版、二〇一〇年
大川隆法『「週刊新潮」に巣くう悪魔の研究――週刊誌に正義はあるのか』幸福の科学出版、二〇一一年

大川隆法『レプタリアンの逆襲Ⅰ――地球の侵略者か守護神か』幸福の科学出版、二〇一一年
大川隆法『レプタリアンの逆襲Ⅱ――進化の神の条件』幸福の科学出版、二〇一一年
『The Liberty』（二〇一〇年四月号、№182）幸福の科学出版、二〇一〇年
有田芳生『「幸福の科学」を科学する――大川隆法の宗教？』天山出版、一九九一年

ちくま新書
1022

現代オカルトの根源
——霊性進化論の光と闇

二〇一三年七月一〇日　第一刷発行
二〇二二年九月一五日　第三刷発行

著者　大田俊寛（おおた・としひろ）
発行者　喜入冬子
発行所　株式会社 筑摩書房
東京都台東区蔵前二―五―三　郵便番号一一一―八七五五
電話番号〇三―五六八七―二六〇一（代表）
装幀者　間村俊一
印刷・製本　株式会社 精興社

ISBN978-4-480-06725-8 C0214